KB009705

junie b. jones®

주니 B. 존스는
도둑이 아니야

by BARBARA PARK

illustrated by
Denise Brunkus

CONTENTS

세상에서 가장 엉뚱하고 재미있는 아이, 주니 B. 존스의 좌충우돌 성장기!

『주니 B. 존스(Junie B. Jones)』 시리즈는 호기심 많은 개구쟁이 소녀 주니 B.가 일상에서 마주하는 다양한 상황을 재치 있게 담고 있습니다. 주니 B.는 언제나 자신의 감정을 솔직하게 표현하며, 재미있는 생각이 떠오르면 주저없이 실행에 옮기는 적극적인 여섯 살 소녀입니다. 이렇게 유쾌하고 재기 발랄한 주니 B. 존스의 성장기는 지금까지 전 세계적으로 6천 5백만 부 이상 판매되며 수많은 독자들에게 사랑받았고, 연극과 뮤지컬로 제작되기도 했습니다.

저자 바바라 파크(Barbara Park)는 첫 등교, 친구 관계, 동생에 대한 고민 등과 같이 일상 속 다양한 상황에서 아이들이 느끼는 감정을 그들의 시선으로 탁월하게 묘사했습니다. 특히 아이들이 영어로 말할 때 저지르기 쉬운 실수도 자연스럽게 녹여 내어, 이야기에 더욱 공감하게 합니다.

이러한 이유로 『주니 B. 존스』 시리즈는 '엄마표 영어'를 진행하는 부모님과 초보 영어 학습자에게 반드시 읽어야 할 영어원서로 자리 잡았습니다. 친근한 어휘와 쉬운 문장으로 쓰여 있어 더욱 몰입하여 읽을 수 있는 『주니 B. 존스』 시리즈는 영어원서가 친숙하지 않은 학습자들에게도 즐거운 원서 읽기 경험을 선사할 것입니다.

퀴즈와 단어장, 그리고 번역까지 담긴 알찬 구성의 워크북!

이 책은 영어원서 『주니 B. 존스』 시리즈에, 탁월한 학습 효과를 거둘 수 있도록 다양한 콘텐츠를 덧붙인 책입니다.

- 영어원서: 본문에 나온 어려운 어휘에 볼드 처리가 되어 있어 단어를 더욱 분명히 인지하며 자연스럽게 암기하게 됩니다.
- 단어장: 원서에 나온 어려운 어휘가 '한영'은 물론 '영영' 의미까지 완벽하게 정리되어 있으며, 반복되는 단어까지 표시하여 자연스럽게 복습이 되도록 구성했습니다.
- 번역: 영어와 비교할 수 있도록 직역에 가까운 번역을 담았습니다. 원서 읽기에 익숙하지 않은 초보 학습자도 어려움 없이 내용을 파악할 수 있습니다.
- 퀴즈: 챕터별로 내용을 확인하는 이해력 점검 퀴즈가 들어 있습니다.

『주니 B. 존스』, 이렇게 읽어 보세요!

- **단어 암기는 이렇게!** 처음 리딩을 시작하기 전, 해당 챕터에 나오는 단어를 눈으로 쭉 훑어봅니다. 모르는 단어는 좀 더 주의 깊게 보되, 손으로 쓰면서 완벽하게 암기할 필요는 없습니다. 본문을 읽으면서 이 단어를 다시 만나게 되는데, 그 과정에서 단어의 쓰임새와 어감을 자연스럽게 익히게 됩니다. 이렇게 책을 읽은 후에, 단어를 다시 한번 복습하세요. 복습할 때는 중요하다고 생각하는 단어들을 손으로 쓰면서 꼼꼼하게 외우는 것도 좋습니다. 이런 방식으로 책을 읽다 보면, 많은 단어를 빠르고 부담 없이 익히게 됩니다.

- **리딩할 때는 리딩에만 집중하자!** 원서를 읽는 중간중간 모르는 단어가 나온다고 워크북을 들춰 보거나, 곧바로 번역을 찾아보는 것은 매우 좋지 않은 습관입니다. 모르는 단어나 이해가 가지 않는 문장이 나온다고 해도 펜으로 가볍게 표시만 해 두고, 전체적인 맥락을 잡아 가며 빠르게 읽어 나가세요. 리딩을 할 때는 속도에 대한 긴장감을 잃지 않으면서 리딩에만 집중하는 것이 좋습니다. 모르는 단어와 문장은, 리딩이 끝난 후에 한꺼번에 정리하는 '리뷰' 시간을 통해 점검합니다. 리뷰를 할 때는 번역은 물론 단어장과 사전도 꼼꼼하게 확인하면서 왜 이해가 되지 않았는지 확인해 봅니다.

- **번역 활용은 이렇게!** 이해가 가지 않는 문장은 번역을 통해서 그 의미를 파악할 수 있습니다. 하지만 한국어와 영어는 정확히 1:1 대응이 되지 않기 때문에 번역을 활용하는 데에도 지혜가 필요합니다. 의역이 된 부분까지 억지로 의미를 대응해서 암기하려고 하기보다, 어떻게 그런 의미가 만들어진 것인지 추측하면서 번역은 참고 자료로 활용하는 것이 좋습니다.

- **2~3번 반복해서 읽자!** 영어 초보자라면 2~3회 반복해서 읽을 것을 추천합니다. 초보자일수록 처음 읽을 때는 생소한 단어와 스토리 때문에 내용 파악에 급급할 수밖에 없습니다. 하지만 일단 내용을 파악한 후에 다시 읽으면 어휘와 문장 구조 등 다른 부분까지 관찰하면서 조금 더 깊이 있게 읽을 수 있고, 그 과정에서 리딩 속도도 빨라지고 리딩 실력을 더 확고하게 다지게 됩니다.

● **'시리즈'로 꾸준히 읽자!** 한 작가의 책을 시리즈로 읽는 것 또한 영어 실력 향상에 큰 도움이 됩니다. 같은 등장인물이 다시 나오기 때문에 내용 파악이 더 수월할 뿐 아니라, 작가가 사용하는 어휘와 표현들도 자연스럽게 반복되기 때문에 탁월한 복습 효과까지 얻을 수 있습니다.『주니 B. 존스』시리즈는 현재 10권, 총 64,568단어 분량이 출간되어 있습니다. 시리즈를 꾸준히 읽다 보면 영어 실력도 자연스럽게 향상될 것입니다.

영어원서 본문 구성

내용이 담긴 본문입니다.
원어민이 읽는 일반 원서와 같은 텍스트지만, 암기해야 할 중요 어휘는 볼드체로 표시되어 있습니다. 이 어휘들은 지금 들고 계신 워크북에 챕터별로 정리되어 있습니다.

학습 심리학 연구 결과에 따르면, 한 단어씩 따로 외우는 단어 암기는 거의 효과가 없다고 합니다. 대신 단어를 제대로 외우기 위해서는 문맥(Context) 속에서 단어를 암기해야 하며, 한 단어 당 문맥 속에서 15번 이상 마주칠 때 완벽하게 암기할 수 있다고 합니다.

이 책의 본문은 중요 어휘를 볼드로 강조하여, 문맥 속의 단어들을 더 확실히 인지(Word Cognition in Context)하도록 돕고 있습니다. 또한 대부분의 중요한 단어는 다른 챕터에서도 반복해서 등장하기 때문에 이 책을 읽는 것만으로도 자연스럽게 어휘력을 향상시킬 수 있습니다.

또한 본문에는 내용 이해를 돕기 위해 '각주'가 첨가되어 있습니다. 각주는 굳이 암기할 필요는 없지만, 알아 두면 내용을 더 깊이 있게 이해할 수 있어 원서를 읽는 재미가 배가됩니다.

JUNIE B. JONES

워크북(Workbook)의 구성

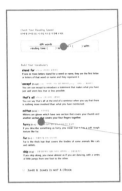

Check Your Reading Speed
해당 챕터의 단어 수가 기록되어 있어, 리딩 속도를 측정할 수 있습니다. 특히 리딩 속도를 중시하는 독자는 유용하게 사용할 수 있습니다.

Build Your Vocabulary
본문에 볼드 표시되어 있는 단어가 정리되어 있습니다. 리딩 전, 후에 반복해서 보면 원서를 더욱 쉽게 읽을 수 있고, 어휘력도 빠르게 향상됩니다.

단어는 〈빈도 - 스펠링 - 발음기호 - 품사 - 한국어 뜻 - 영어 뜻〉 순서로 표기되어 있으며 빈도 표시(★)가 많을수록 필수 어휘입니다. 반복해서 등장하는 단어는 빈도 대신 '복습'으로 표기되어 있습니다. 품사는 아래와 같이 표기했습니다.

n. 명사 | a. 형용사 | ad. 부사 | v. 동사
conj. 접속사 | prep. 전치사 | int. 감탄사 | idiom 숙어 및 관용구

Comprehension Quiz
간단한 퀴즈를 통해 읽은 내용에 대한 이해력을 점검해 볼 수 있습니다.

번역
영문과 비교할 수 있도록 최대한 직역에 가까운 번역을 담았습니다.

이 책의 수준과 타깃 독자

- **미국 원어민 기준**: 유치원 ~ 초등학교 저학년
- **한국 학습자 기준**: 초등학교 저학년 ~ 중학생
- **영어원서 완독 경험이 없는 초보 영어 학습자** (토익 기준 450~750점대)
- **비슷한 수준의 다른 챕터북**: Arthur Chapter Book, Flat Stanley, The Zack Files, Magic Tree House, Marvin Redpost
- **도서 분량**: 약 6,000단어

아이도 어른도 재미있게 읽는 영어원서를
〈롱테일 에디션〉으로 만나 보세요!

아서 챕터북 시리즈

플랫 스탠리 시리즈

Chapter 1

1. **Why did Junie B.'s grandpa buy her mittens?**

   A. He just wanted to buy them for her.

   B. He knew that she needed new mittens.

   C. They were a surprise for a holiday.

   D. They were on sale.

2. **How did Junie B. feel about the mittens?**

   A. She thought that the size was too big.

   B. She thought that they were for nannas.

   C. She did not want to take them off.

   D. She did not like the style.

3. How did other children at the playground react to Junie B.'s mittens?

A. They loved them.

B. They were jealous.

C. They were curious.

D. They did not care.

4. Why couldn't Lucille's nanna wear her fur coat outside?

A. People would want to touch it.

B. People would get mad about it.

C. The coat was dirty.

D. The coat was not warm enough.

5. What was true about Junie B.'s mittens?

A. They did not look like fur.

B. They did not feel furry.

C. They were made out of animals.

D. They were not made of real fur.

$$\frac{604 \text{ words}}{\text{reading time (} \quad \text{) sec}} \times 60 = (\quad) \text{ WPM}$$

Build Your Vocabulary

stand for idiom 나타내다; 옹호하다
If one or more letters stand for a word or name, they are the first letter or letters of that word or name and they represent it.

except [iksépt] conj. ~이지만, ~라는 점만 제외하면; prep. ~ 외에는; v. 제외하다
You can use except to introduce a statement that makes what you have just said seem less true or less possible.

that's all idiom 그게 다이다, 그뿐이다
You can say 'that's all' at the end of a sentence when you say that there is nothing more involved than what you have mentioned.

mitten [mitn] n. 손모아장갑
Mittens are gloves which have one section that covers your thumb and another section that covers your four fingers together.

furry [fə́:ri] a. 부드러운 털의; 털로 덮인; 모피로 만든; 털 같은
If you describe something as furry, you mean that it has a soft rough texture like fur.

fur [fə:r] n. (동물의) 털; 모피; 모피 의류
Fur is the thick hair that covers the bodies of some animals like cats and rabbits.

skip [skip] v. 깡충깡충 뛰다; (일을) 거르다; 생략하다; n. 깡충깡충 뛰기
If you skip along, you move almost as if you are dancing, with a series of little jumps from one foot to the other.

make up idiom (이야기 등을) 만들어 내다; ~을 이루다
If you make up something, you invent something, such as an excuse or a story, often in order to deceive.

‡ **adventure** [ædvénʧər] n. 뜻하지 않은 경험, 모험; v. 위험을 무릅쓰다
An adventure means an exciting, unusual, and sometimes dangerous experience.

* **gorgeous** [gɔ́:rdʒəs] a. 아주 멋진, 아름다운; 선명한, 화려한
If you say that something is gorgeous, you mean that it gives you a lot of pleasure or is very attractive.

glee [gli:] n. 신이 남; (남이 잘못되는 것에 대한) 고소한 기분
Glee is a strong feeling of happiness, great pleasure or satisfaction.

* **clap** [klæp] v. 박수를 치다; (갑자기·재빨리) 놓다; n. 박수; 쿵 하는 소리
When you clap, you hit your hands together, for example to get someone's attention or because you are happy.

time-out [táim-aut] n. (작업 등의) 중간 휴식; (경기 중간에 갖는) 타임아웃
If you take time-out from a job or activity, you have a break from it and do something different instead.

* **entire** [intáiər] a. 전체의, 완전한, 온전한
You use entire when you want to emphasize that you are referring to the whole of something, for example, the whole of a place, time, or population.

kindergarten [kíndərgà:rtn] n. 유치원
A kindergarten is a school or class for children aged 4 to 6 years old. It prepares them to go into the first grade.

‡ **attractive** [ətræktiv] a. 멋진; 마음을 끄는; 매력적인
Something that is attractive has a pleasant appearance or sound.

* **outfit** [áutfit] n. 한 벌의 옷, 복장; 장비; v. (복장·장비를) 갖추어 주다
An outfit is a set of clothes.

‡ **variety** [vəráiəti] n. 여러 가지, 갖가지, 각양각색; 다양(성); 종류
A variety of things is a number of different kinds or examples of the
same thing.

* **playground** [pléigràund] n. (학교의) 운동장; 놀이터
A playground is a piece of land, at school or in a public area, where
children can play.

‡ **wave** [weiv] v. (무엇을 손에 들고) 흔들다; (손·팔을) 흔들다; n. 흔들기; 파도, 물결
If you wave something, you move it around in the air.

holler [hálər] v. 소리 지르다, 고함치다; n. 고함, 외침
If you holler, you shout loudly.

* **yell** [jel] v. 고함치다, 소리 지르다; n. 고함, 외침
If you yell, you shout loudly, usually because you are excited, angry, or
in pain.

‡ **create** [kriéit] v. (느낌·인상을) 자아내다, 불러일으키다; 창조하다, 창작하다
If you create a situation, feeling, or problem, you cause it to exist.

glum [glʌm] a. 침울한
Someone who is glum is sad and quiet because they are disappointed
or unhappy about something.

‡ **spot** [spat] v. 발견하다, 찾다, 알아채다; n. (특정한) 곳; (작은) 점
If you spot something or someone, you notice them.

‡ **greet** [griːt] v. 인사하다; 환영하다; 반응을 보이다
When you greet someone, you say 'Hello' or shake hands with them.

‡ **pet** [pet] v. (다정하게) 어루만지다, 쓰다듬다; n. 반려동물
If you pet a person or animal, you touch them in an affectionate way.

cape [keip] n. 망토
A cape is a loose coat without any sleeves that is fastened at the neck.

nanna [nǽnə] n. 할머니; 유모
Some people refer to their grandmother as their nan or nanna.

brand-new [brænd-njú:] a. 아주 새로운, 신상품의
A brand-new object is completely new.

all the way idiom 완전히; 내내, 시종
If you do something all the way, you do it totally and completely.

cross one's arms idiom 팔짱을 끼다
If you cross your arms, legs, or fingers, you put one of them on top of the other.

* **relieve** [rilí:v] v. 안도하게 하다; (불쾌감·고통 등을) 없애 주다; 완화하다 (relief n. 안도, 안심)
If you feel a sense of relief, you feel happy because something unpleasant has not happened or is no longer happening.

* **fake** [feik] a. 모조의; 가짜의, 거짓된; n. 가짜, 모조품; v. ~인 척하다
Fake things are not real, but made to look or seem real.

‡ **count** [kaunt] v. 인정되다; (수를) 세다; 중요하다; 간주하다; n. 수치; 셈, 계산
If something counts, it is officially accepted.

all of a sudden idiom 갑자기
If something happens all of a sudden, it happens quickly and unexpectedly.

zoom [zu:m] v. 쌩 하고 가다; 급등하다; n. (빠르게) 쌩 하고 지나가는 소리
If you zoom somewhere, you go there very quickly.

‡ **speed** [spi:d] v. 빨리 가다; 더 빠르게 하다; 속도위반하다; n. 속도
If you speed somewhere, you move or travel there quickly.

Chapter
2

1. What did Mrs. want Junie B. to do?

  A. Keep her mittens clean

  B. Put her mittens in her pockets

  C. Show her mittens to the class

  D. Leave her mittens at home

2. What did Junie B. say about her mittens?

  A. She planned to wear them all day.

  B. She hoped that she would not lose them.

  C. She had to wear them because she was cold.

  D. She could get new mittens if she lost them.

3. What did Lucille think about Junie B.?

A. Junie B. did not need mittens in class.

B. Junie B.'s mittens looked very soft.

C. Junie B. was bothering her with the mittens.

D. Junie B.'s mittens were not as nice as hers.

4. What did Junie B. do with the mittens in class?

A. She threw them at Lucille.

B. She tickled Ricardo.

C. She tapped on the teacher's head.

D. She scared William.

5. What did Mrs. do with the mittens?

A. She put them on her desk.

B. She put them on her hands.

C. She put them on Junie B.'s table.

D. She put them in Junie B.'s jacket.

Check Your Reading Speed

1분에 몇 단어를 읽는지 리딩 속도를 측정해 보세요.

$$\frac{399 \text{ words}}{\text{reading time ( ) sec}} \times 60 = (\quad) \text{ WPM}$$

Build Your Vocabulary

fur [fəːr] n. (동물의) 털; 모피; 모피 의류
Fur is the thick hair that covers the bodies of some animals like cats and rabbits.

mitten [mitn] n. 손모아장갑
Mittens are gloves which have one section that covers your thumb and another section that covers your four fingers together.

that's all idiom 그게 다이다, 그뿐이다
You can say 'that's all' at the end of a sentence when you say that there is nothing more involved than what you have mentioned.

rub [rʌb] v. (손·손수건 등을 대고) 문지르다; (두 손 등을) 맞비비다; n. 문지르기, 비비기
If you rub something on something else, you make it press against that thing and move it around.

skip [skip] v. 깡충깡충 뛰다; (일을) 거르다; 생략하다; n. 깡충깡충 뛰기
If you skip along, you move almost as if you are dancing, with a series of little jumps from one foot to the other.

livelong [lívlɔ̀ːŋ] a. 내내, (시간이) 긴
The livelong day means the whole length of the day.

attractive [ətræktiv] a. 멋진; 마음을 끄는; 매력적인
Something that is attractive has a pleasant appearance or sound.

tap [tæp] v. (가볍게) 톡톡 두드리다; n. (가볍게) 두드리기
If you tap something, you hit it with a quick light blow or a series of quick light blows.

furry [fə́:ri] a. 부드러운 털의; 털로 덮인; 모피로 만든; 털 같은
If you describe something as furry, you mean that it has a soft rough texture like fur.

wave [weiv] v. (손·팔을) 흔들다; (무엇을 손에 들고) 흔들다; n. 흔들기; 파도, 물결
If you wave or wave your hand, you move your hand from side to side in the air, usually in order to say hello or goodbye to someone.

frown [fraun] n. 찡그림, 찌푸림; v. 얼굴을 찡그리다; 눈살을 찌푸리다
A frown is an expression on your face when you move your eyebrows together because you are angry, unhappy, or confused.

annoy [ənɔ́i] v. 짜증나게 하다; 귀찮게 하다 (annoying a. 짜증스러운, 성가신)
Someone or something that is annoying makes you feel fairly angry and impatient.

tickle [tikl] v. 간지럼을 태우다; 간질간질하다; 재미있게 하다; n. (장난으로) 간지럽히기
When you tickle someone, you move your fingers lightly over a sensitive part of their body, often in order to make them laugh.

chin [tʃin] n. 턱
Your chin is the part of your face that is below your mouth and above your neck.

grin [grin] v. 활짝 웃다; n. 활짝 웃음
When you grin, you smile broadly.

bring out idiom 끌어내다, 발휘되게 하다
To bring out means to make someone or something show a quality that they have.

march [ma:rtʃ] v. (강요해서) 데려가다; 행진하다; (급히) 걸어가다; n. 행진; 3월
If you march someone somewhere, you force them to walk there with you, for example by holding their arm tightly.

plop [plap] v. 주저앉히다, 털썩 주저앉다; 떨어뜨리다; 풍덩 하고 떨어지다; n. 풍덩 (하는 소리)
If someone plops or you plop them, they sit down or land heavily or without taking care.

* **sigh** [sai] n. 한숨; v. 한숨을 쉬다, 한숨짓다; 탄식하듯 말하다
A sigh is a slow breath out that makes a long soft sound, especially because you are disappointed, tired, annoyed, or relaxed.

⁑ **possess** [pəzés] v. 소유하다, 소지하다; (자질·특징을) 지니다 (possession n. 소유, 소지)
Possession means the state of having or owning something.

* **whisper** [hwíspər] v. 속삭이다, 소곤거리다; n. 속삭임, 소곤거리는 소리
When you whisper, you say something very quietly, using your breath rather than your throat, so that only one person can hear you.

⁑ **cover** [kávər] v. 가리다; 덮다; n. 덮개; (pl.) (침대) 커버, 이불
If you cover something, you place something else over it in order to protect it, hide it, or close it.

Chapter

3

1. Why was Junie B. so excited about recess?

    A. She could show her mittens to more kids.

    B. She could get out of the classroom.

    C. She could play with her friends.

    D. She could get her mittens back.

2. What was the problem with playing the horses game?

    A. Grace wanted to play a different game.

    B. Junie B. and Lucille wanted the same horse name.

    C. Junie B.'s mittens did not match her horse name.

    D. Lucille said that mittens were not allowed in the game.

3. What was Grace's idea?

   A. Junie B. could take off her mittens.

   B. Junie B. could change her horse name.

   C. Lucille could put on the mittens.

   D. Everyone could make up new names.

4. What did the girls decide?

   A. Junie B. could choose just one color.

   B. Junie B. could still be Brownie.

   C. Junie B. could trade with Lucille.

   D. Junie B. could play without a name.

5. What happened to Junie B.'s mittens?

   A. She took them off when she felt hot.

   B. She dropped them while she was playing.

   C. She forgot where she left them.

   D. She put them in a different place from her jacket.

$$\frac{676 \text{ words}}{\text{reading time ( ) sec}} \times 60 = (\quad) \text{ WPM}$$

Build Your Vocabulary

* **recess** [risés] n. (학교의) 쉬는 시간; (의회·위원회 등의) 휴회 기간
A recess is a short period of time during the school day when children can play.

* **stare** [stɛər] v. 빤히 쳐다보다, 응시하다; n. 빤히 쳐다보기, 응시
If you stare at someone or something, you look at them for a long time.

복습 **tap** [tæp] v. (가볍게) 톡톡 두드리다; n. (가볍게) 두드리기
If you tap something, you hit it with a quick light blow or a series of quick light blows.

tattletale [tǽtltèil] n. 수다쟁이, 고자질쟁이; a. 고자질하는, 비밀을 폭로하는
A tattletale is a child who tells an adult what another child has done wrong.

* **concentrate** [kánsəntrèit] v. (정신을) 집중하다; (한 곳에) 모으다; n. 농축물
If you concentrate on something, or concentrate your mind on it, you give all your attention to it.

grouch [grauʧ] v. 불평하다; 토라지다; n. 불평; 불평꾼
If you grouch, you complain in a slightly angry way.

복습 **except** [iksépt] conj. ~이지만, ~라는 점만 제외하면; prep. ~ 외에는; v. 제외하다
You can use except to introduce a statement that makes what you have just said seem less true or less possible.

sign [sain] n. 징후, 조짐; 부호, 기호; 표지판, 간판; v. 서명하다
A sign means something showing that something else exists or might happen or exist in the future.

yell [jel] v. 고함치다, 소리 지르다; n. 고함, 외침
If you yell, you shout loudly, usually because you are excited, angry, or in pain.

zoom [zu:m] v. 쌩 하고 가다; 급등하다; n. (빠르게) 쌩 하고 지나가는 소리
If you zoom somewhere, you go there very quickly.

rub [rʌb] v. (손·손수건 등을 대고) 문지르다; (두 손 등을) 맞비비다; n. 문지르기, 비비기
If you rub something on something else, you make it press against that thing and move it around.

cheek [ʧi:k] n. 뺨, 볼; 엉덩이
Your cheeks are the sides of your face below your eyes.

whisper [hwíspər] v. 속삭이다, 소곤거리다; n. 속삭임, 소곤거리는 소리
When you whisper, you say something very quietly, using your breath rather than your throat, so that only one person can hear you.

frown [fraun] n. 찡그림, 찌푸림; v. 얼굴을 찡그리다; 눈살을 찌푸리다
A frown is an expression on your face when you move your eyebrows together because you are angry, unhappy, or confused.

paw [pɔ:] n. (동물의) 발; v. 발로 긁다; (함부로) 건드리다
The paws of an animal such as a cat, dog, or bear are its feet.

apparent [əpǽrənt] a. 분명한, 누가 봐도 알 수 있는; 겉보기에는; ~인 것처럼 보이는
(apparently ad. 분명히)
You use apparently when something seems clear or obvious, according to appearances.

clap [klæp] v. 박수를 치다; (갑자기·재빨리) 놓다; n. 박수; 쿵 하는 소리
When you clap, you hit your hands together, for example to get someone's attention or because you are happy.

‡‡ trade [treid] v. 주고받다, 교환하다; 거래하다; n. 거래, 교역, 무역
When people, firms, or countries trade, they give one thing in exchange for another.

huffy [hʌfi] a. 발끈 성내는, 홱 토라진
Someone who is huffy is obviously annoyed or offended about something.

복습 entire [intáiər] a. 전체의, 완전한, 온전한
You use entire when you want to emphasize that you are referring to the whole of something, for example, the whole of a place, time, or population.

‡ career [kəríər] n. 생애, 경력, 이력; 직업
Your career is the period of time in your life that you spend doing a particular activity.

‡ embarrass [imbǽrəs] v. 당황스럽게 하다, 어색하게 하다; 곤란하게 하다
(embarrassed a. 당황한)
A person who is embarrassed feels shy, ashamed, or guilty about something.

mumble [mʌmbl] v. 중얼거리다, 웅얼거리다; n. 중얼거림
If you mumble, you speak very quietly and not at all clearly with the result that the words are difficult to understand.

복습 chin [ʧin] n. 턱
Your chin is the part of your face that is below your mouth and above your neck.

복습 all of a sudden idiom 갑자기
If something happens all of a sudden, it happens quickly and unexpectedly.

‡‡ light [lait] v. (lit-lit) 밝아지다; 불을 붙이다; n. 빛
If a person's eyes or face light up, or something lights them up, they become bright with excitement or happiness.

‡exact [igzǽkt] a. 정확한; 꼼꼼한, 빈틈없는 (**exactly** ad. 정확히, 꼭)
You use exactly when you want to emphasize that something is correct in every way or in every detail.

‡curious [kjúəriəs] a. 궁금한, 호기심이 많은; 별난, 특이한, 기이한
If you are curious about something, you are interested in it and want to know more about it.

‡spin [spin] v. (spun-spun) (빙빙) 돌다; 돌아서다; n. 회전
If something spins or if you spin it, it turns quickly around a central point.

⋆joyful [dʒɔ́ifəl] a. 아주 기뻐하는; 기쁜
Someone who is joyful is extremely happy.

high five [hài fáiv] n. 하이 파이브
If you give someone a high five, you put your hand up and hit their open hand with yours, especially after a victory or as a greeting.

⋆gallop [gǽləp] v. 전속력으로 달리다, 질주하다; n. 전속력으로 말을 몰기; 질주
If you gallop, you run somewhere very quickly.

⋆trot [trat] v. 빨리 걷다; 종종걸음을 걷다; n. 속보, 빠른 걸음
When an animal such as a horse trots, it moves fairly fast, taking quick small steps.

⋆snort [snɔːrt] v. (말이) 코를 힝힝거리다; 코웃음을 치다; n. (말이) 힝힝거리는 소리; 코웃음
When people or animals snort, they breathe air noisily out through their noses.

snuffle [snʌfl] v. 코를 킁킁거리다; 코를 훌쩍이다; n. 코를 킁킁거리는 소리
If a person or an animal snuffles, they make a sudden loud noise through their nose, for example because they are angry or laughing.

beat down idiom 햇볕이 쨍쨍 내리쬐다
If the sun beats down, it shines with great heat.

⋆drip [drip] v. 방울방울 흐르다, 뚝뚝 떨어지다
When something drips, drops of liquid fall from it.

perspiration [pə̀:rspəréiʃən] n. 땀; 땀 흘리기, 땀 내기
Perspiration is the liquid which comes out on the surface of your skin when you are hot or frightened.

* **stuff** [stʌf] n. 것, 물건, 일; v. 채워 넣다; 쑤셔 넣다
You can use stuff to refer to things such as a substance, a collection of things, events, or ideas, or the contents of something in a general way without mentioning the thing itself by name.

* **pile** [pail] v. (차곡차곡) 쌓다; 우르르 가다; n. 쌓아 놓은 것; 무더기; 더미
If you pile things somewhere, you put things one on top of another.

* **careful** [kéərfəl] a. 신중한, 조심하는, 주의 깊은; 세심한
If you are careful, you give serious attention to what you are doing, in order to avoid harm, damage, or mistakes.

* **blow** [blou] v. (blew-blown) (입으로) 불다; (바람·입김에) 날리다; 폭파하다; n. 강타
If you blow, you send out a stream of air from your mouth.

* **whistle** [hwisl] n. 호루라기 (소리); 휘파람; v. 호루라기를 불다; 휘파람을 불다
A whistle is a small metal tube that you blow in order to produce a loud sound and attract someone's attention.

* **steal** [sti:l] v. (stole-stolen) 훔치다, 도둑질하다; 살며시 움직이다
If you steal something from someone, you take it away from them without their permission and without intending to return it.

Chapter
4

1. **Why did Junie B. go to the principal's office?**

   A. She got in trouble with her teacher.

   B. The Lost and Found box was there.

   C. The principal wanted to talk to her.

   D. The principal took her mittens.

2. **What did Junie B. assume about finding lost things?**

   A. You should return the things.

   B. You should leave the things where you found them.

   C. You could steal the things.

   D. You could keep the things.

3. **What did the principal say about bringing things to the Lost and Found?**
   A. It made people feel good.
   B. People did not have to do it.
   C. It happened all the time.
   D. It was not hard to do.

4. **What did Junie B. believe?**
   A. Her mittens were new, not old.
   B. Her mittens were stolen, not lost.
   C. Her mittens made her grin, not frown.
   D. Her mittens belonged to her, not the principal.

5. **Why did Junie B. want the teddy backpack?**
   A. She could give it back to its owner.
   B. She liked it better than her mittens.
   C. It would make her feel better.
   D. It might really be hers.

$$\frac{1{,}129 \ words}{reading \ time \ (\quad) \ sec} \times 60 = (\qquad) \ wPM$$

Build Your Vocabulary

backpack [bǽkpæk] n. 책가방, 배낭
A backpack is a bag with straps that go over your shoulders, so that you can carry things on your back when you are walking or climbing.

holler [hálər] v. 소리 지르다, 고함치다; n. 고함, 외침
If you holler, you shout loudly.

steal [stiːl] v. (stole-stolen) 훔치다, 도둑질하다; 살며시 움직이다
If you steal something from someone, you take it away from them without their permission and without intending to return it.

mitten [mitn] n. 손모아장갑
Mittens are gloves which have one section that covers your thumb and another section that covers your four fingers together.

bend [bend] v. (bent-bent) (몸·머리를) 굽히다, 숙이다; 구부리다; n. (도로·강의) 굽이, 굽은 곳
When you bend, you move the top part of your body downward and forward.

crook [kruk] n. 도둑, 사기꾼; 갈고리; v. 속이다; 구부리다; 갈고리로 낚아채다
A crook is a dishonest person or a criminal.

calm [kaːm] v. 진정시키다; 차분해지다; a. 침착한, 차분한; 잔잔한
(calm down idiom 진정시키다, 진정하다)
If you calm down, or if someone calms you down, you become less angry, upset, or excited.

heartsick [há:rtsik] a. 몹시 상심한, 비탄에 잠긴
Someone who is heartsick is very sad or depressed.

⋆ **grown-up** [gròun-ʌ́p] a. 어른에게 맞는; n. 어른, 성인
Grown-up things seem suitable for or typical of adults.

⋆ **dumb** [dʌm] a. 멍청한, 바보 같은; 말을 못 하는
If you say that something is dumb, you think that it is silly and annoying.

attractive [ətræktiv] a. 멋진; 마음을 끄는; 매력적인
Something that is attractive has a pleasant appearance or sound.

ground [graund] v. (벌로) 외출하지 못하게 하다; 좌초되다; n. 땅바닥, 지면
When parents ground a child, they forbid them to go out and enjoy themselves for a period of time, as a punishment.

⋆ **rug** [rʌg] n. (작은 카펫같이 생긴) 깔개
A rug is a piece of thick material that you put on a floor.

⋆ **principal** [prínsəpəl] n. 교장; a. 주요한, 주된
The principal of a school or college is the person in charge of the school or college.

punish [pʌ́niʃ] v. 처벌하다, 벌주다; (형벌·형에) 처하다
To punish someone means to make them suffer in some way because they have done something wrong.

⋆ **gasp** [gæsp] n. 헉 하는 소리를 냄; v. 헉 하고 숨을 쉬다; 숨을 제대로 못 쉬다
A gasp is a short quick breath of air that you take in through your mouth, especially when you are surprised, shocked, or in pain.

⋆ **locate** [lóukeit] v. 위치하게 하다; 정확한 위치를 찾아내다 (located a. 위치한)
If something is located in a particular place, it is present or has been built there.

grouchy [gráuʧi] a. 성난, 기분이 언짢은; 불평이 많은, 잘 투덜거리는
If someone is grouchy, they are very bad-tempered and complain a lot.

type [taip] v. 타자를 치다, 입력하다; 분류하다; n. 유형, 종류
If you type something, you write it using a computer keyboard or typewriter.

fond [fand] a. 좋아하는; 다정한, 애정 어린
If you are fond of someone, you like them very much.

by oneself idiom 혼자; 도움을 받지 않고
If you are by yourselves, or all by yourselves, you are alone.

counter [káuntər] n. (식당·바·도서관 등의) 창구, 카운터; 반작용; v. 반박하다; 대응하다
In a place such as a store or café, a counter is a long, narrow table or flat surface at which customers are served.

gulp [gʌlp] n. 꿀꺽 삼키기; v. 꿀꺽꿀꺽 삼키다; (숨을) 깊이 들이마시다
A gulp means an act of breathing in or of swallowing something.

tale [teil] n. 이야기, 소설
A tale is a story, often involving magic or exciting events.

sweat [swet] n. 땀; 노력, 수고; v. 땀을 흘리다; 식은땀을 흘리다, 불안해하다
Sweat is the salty colorless liquid which comes through your skin when you are hot, ill, or afraid.

warmish [wɔ́:rmiʃ] a. 좀 따스한
Something warmish is somewhat warm.

sight [sait] n. 보기, 봄; 시야; 광경, 모습; 시력; v. 갑자기 보다
Sight is an act of seeing someone or something.

playground [pléigràund] n. (학교의) 운동장; 놀이터
A playground is a piece of land, at school or in a public area, where children can play.

on one's way idiom 길을 떠난, 가는 중인
If you are on your way, you have started your trip somewhere.

closet [klázit] n. 벽장
A closet is a piece of furniture with doors at the front and shelves inside, which is used for storing things.

instead [instéd] ad. 대신에
If you do one thing instead of another, you do the first thing and not the second thing, as the result of a choice or a change of behavior.

impossible [impásəbl] a. 불가능한; 대단히 곤란한, 난감한
Something that is impossible cannot be done or cannot happen.

discover [diskʌ́vər] v. 알아내다, 찾다; 발견하다; 발굴하다
To discover is to find out about something or find some information about something.

big deal [big díːl] n. 큰일, 대단한 것
If you say that something is a big deal, you mean that it is important or significant in some way.

personal [pə́rsənl] a. 개인적인, 개인의
A personal opinion, quality, or thing belongs or relates to one particular person rather than to other people.

deed [diːd] n. 행위, 행동; 증서
A deed is something that someone does, especially something that is very good or very bad.

poem [póuəm] n. (한 편의) 시
A poem is a piece of writing in which the words are chosen for their beauty and sound and are carefully arranged, often in short lines which rhyme.

grade [greid] n. 학년; 품질; 등급; v. 성적을 매기다; (등급을) 나누다
In the United States, a grade is a group of classes in which all the children are of a similar age.

stuff [stʌf] n. 것, 물건, 일; v. 채워 넣다; 쑤셔 넣다
You can use stuff to refer to things such as a substance, a collection of things, events, or ideas, or the contents of something in a general way without mentioning the thing itself by name.

grin [grin] n. 활짝 웃음; v. 활짝 웃다
A grin is a broad smile.

on purpose idiom 고의로, 일부러
If you do something on purpose, you do it intentionally.

eyebrow [áibràu] n. 눈썹
Your eyebrows are the lines of hair which grow above your eyes.

thrill [θril] v. 열광시키다, 정말 신나게 하다; n. 흥분, 설렘; 전율 (thrilled a. 아주 신이 난)
If someone is thrilled, they are extremely pleased about something.

skip [skip] v. 깡충깡충 뛰다; (일을) 거르다; 생략하다; n. 깡충깡충 뛰기
If you skip along, you move almost as if you are dancing, with a series of little jumps from one foot to the other.

upset [ʌpsét] a. 속상한, 마음이 상한; v. 속상하게 하다
If you are upset, you are unhappy or disappointed because something unpleasant has happened to you.

furry [fɔ́:ri] a. 부드러운 털의; 털로 덮인; 모피로 만든; 털 같은
If you describe something as furry, you mean that it has a soft rough texture like fur.

glum [glʌm] a. 침울한
Someone who is glum is sad and quiet because they are disappointed or unhappy about something.

sigh [sai] n. 한숨; v. 한숨을 쉬다, 한숨짓다; 탄식하듯 말하다
A sigh is a slow breath out that makes a long soft sound, especially because you are disappointed, tired, annoyed, or relaxed.

‡ **ease** [iːz] v. (고통 등을) 덜어 주다; 느슨해지다; n. 쉬움; 편안함
If something unpleasant eases or if you ease it, it is reduced in degree, speed, or intensity.

‡ **bet** [bet] v. (~이) 틀림없다; (내기 등에) 돈을 걸다; n. 짐작, 추측; 내기
You use expressions such as 'I bet,' 'I'll bet,' and 'you can bet' to indicate that you are sure something is true.

‡ **waste** [weist] n. 낭비; 쓰레기, 폐기물; v. 낭비하다 (go to waste idiom 쓸모없이 되다)
If something goes to waste, it remains unused or has to be thrown away.

‡ **hall** [hɔːl] n. (건물 내의) 복도, 통로; (크고 넓은) 방, 홀, 회관
A hall in a building is a long passage with doors into rooms on both sides of it.

‡ **disappoint** [dìsəpɔ́int] v. 실망시키다, 실망을 안겨 주다 (disappointed a. 실망한)
If you are disappointed, you are sad because something has not happened or because something is not as good as you had hoped.

Chapter
5

1. Where did Junie B. find the pen?

   A. In the principal's office

   B. On top of the water fountain

   C. On the floor

   D. In front of Room Nine

2. What did Junie B. do with the pen?

   A. She drew on the wall.

   B. She scribbled on her shoe.

   C. She mixed all the colors.

   D. She pushed each button.

3. What did Junie B. suddenly remember?

A. Lost things should go in the Lost and Found.

B. There were no pens in the Lost and Found.

C. She still needed to find her mittens.

D. She already had many pens at home.

4. Why didn't Junie B. go back to the principal's office?

A. She did not want to bother the principal again.

B. She was too far away from the principal's office.

C. She would feel bad if she gave up the pen.

D. She was not sure if someone lost the pen.

5. Why did Junie B. think that she should keep the pen?

A. She had never had a pen like it.

B. She would be a good owner for it.

C. She knew how to use pens well.

D. She did not know where to find the owner.

1분에 몇 단어를 읽는지 리딩 속도를 측정해 보세요.

$$\frac{517 \text{ words}}{\text{reading time ( ) sec}} \times 60 = (\quad) \text{ WPM}$$

Build Your Vocabulary

gargle [gá:rgl] v. (물로) 입 안을 헹구다, 양치질하다; n. 양치질, 양치액
If you gargle, you move liquid around in the back of your mouth, in order to clean your mouth and throat.

scribble [skribl] v. 갈겨쓰다, 휘갈기다; 낙서하다; n. 낙서
If you scribble something, you write it quickly and roughly.

principal [prínsəpəl] n. 교장; a. 주요한, 주된
The principal of a school or college is the person in charge of the school or college.

water fountain [wɔ́:tər fàuntən] n. (분수식) 식수대
A water fountain is a machine in a park or other public place that provides drinking water when you push a button.

make it idiom 해내다; (힘든 경험 등을) 버텨 내다; 시간 맞춰 가다
To make it means to succeed in a particular activity.

press [pres] v. 누르다; 꾹 밀어 넣다; (무엇에) 바짝 대다; n. 언론
If you press something or press down on it, you push hard against it with your foot or hand.

thumb [θʌm] n. 엄지손가락; v. 엄지손가락으로 건드리다
Your thumb is the short thick part on the side of your hand next to your four fingers.

pucker [pʌ́kər] v. (입술 등을) 오므리다; 주름잡다, (얼굴 등을) 일그러뜨리다; n. 주름
If you pucker your lips or if your lips pucker, you squeeze them together and out.

☀ **lip** [lip] n. 입술; 테두리
Your lips are the two outer parts of the edge of your mouth.

☀ **suck** [sʌk] v. (특정한 방향으로) 빨아들이다; 빨아 먹다; (입어 넣고) 빨다; n. 빨기, 빨아 먹기
If you suck something, you hold it in your mouth and pull at it with the muscles in your cheeks and tongue, for example in order to get liquid out of it.

spout [spaut] n. (주전자 등의) 주둥이; (액체의) 분출; v. 지껄이다; 뿜어져 나오다
A spout is a part of a container that is shaped like a tube and is used for pouring liquid.

☀ **dirt** [dəːrt] n. 먼지, 때; 흙
If there is dirt on something, there is dust, mud, or a stain on it.

slosh [slaʃ] v. (액체를) 철벅거리다, 튀기다; 철벅거리며 걷다
If a liquid sloshes, or if you slosh it, it moves violently inside its container, or some of it comes out of the container.

복습 **cheek** [ʧiːk] n. 뺨, 볼; 엉덩이
Your cheeks are the sides of your face below your eyes.

복습 **bend** [bend] v. (bent-bent) (몸·머리를) 굽히다, 숙이다; 구부리다; n. (도로·강의) 굽이, 굽은 곳
If you bend your body or head, you make it lean in a particular direction.

복습 **except** [iksépt] conj. ~이지만, ~라는 점만 제외하면; prep. ~ 외에는; v. 제외하다
You can use except to introduce a statement that makes what you have just said seem less true or less possible.

dribble [dribl] v. 줄줄 흐르다; 질질 흘리다; 드리블하다; n. 조금씩 흘러내리는 것
If a liquid dribbles somewhere, or if you dribble it, it drops down slowly or flows in a thin stream.

splash [splæʃ] v. 첨벙거리다; 후두둑 떨어지다; (물 등을) 끼얹다; n. 첨벙 하는 소리
If you splash about or splash around in water, you hit or disturb the water in a noisy way, causing some of it to fly up into the air.

pop [pap] v. 불쑥 나타나다; 눈이 휘둥그레지다; 펑 하는 소리가 나다; n. 펑 (하는 소리)
If something pops, it suddenly appears, especially when not expected.

pleasure [pléʒər] n. 기쁨, 즐거움
A pleasure is an activity, experience or aspect of something that you find very enjoyable or satisfying.

all of a sudden idiom 갑자기
If something happens all of a sudden, it happens quickly and unexpectedly.

frown [fraun] n. 찡그림, 찌푸림; v. 얼굴을 찡그리다; 눈살을 찌푸리다
A frown is an expression on your face when you move your eyebrows together because you are angry, unhappy, or confused.

make sense idiom 타당하다; 이해가 되다; 이해하기 쉽다
If something makes sense, there seems to be a good reason or explanation for it.

tap [tæp] v. (가볍게) 톡톡 두드리다; n. (가볍게) 두드리기
If you tap something, you hit it with a quick light blow or a series of quick light blows.

chin [ʧin] n. 턱
Your chin is the part of your face that is below your mouth and above your neck.

mixed up idiom 혼동하는
If you are mixed up, you are temporarily confused.

take care of idiom ~을 돌보다; ~을 처리하다
To take care of someone or something means to protect them and provide the things that they need.

^{복습} **deed** [diːd] n. 행위, 행동; 증서

A deed is something that someone does, especially something that is very good or very bad.

^{복습} **backpack** [bǽkpæk] n. 책가방, 배낭

A backpack is a bag with straps that go over your shoulders, so that you can carry things on your back when you are walking or climbing.

[*] **fair** [fɛər] a. 공정한; 타당한; 아름다운; ad. 공정하게, 타당하게; n. 축제; 박람회

(fair and square idiom 정정당당하게)

If you say that someone won a competition fair and square, you mean that they won honestly and without cheating.

^{**} **square** [skwɛər] a. 공정한; 정사각형 모양의; n. 정사각형; 광장

If you describe something as square, you mean that it is fair or honest, especially in business matters.

^{복습} **light** [lait] v. (lit-lit) 밝아지다; 불을 붙이다; n. 빛

If a person's eyes or face light up, or something lights them up, they become bright with excitement or happiness.

^{복습} **poem** [póuəm] n. (한 편의) 시

A poem is a piece of writing in which the words are chosen for their beauty and sound and are carefully arranged, often in short lines which rhyme.

[*] **weep** [wiːp] v. 울다, 눈물을 흘리다; n. 울기 (weeper n. 우는 사람, 슬퍼하는 사람)

A weeper is a person who cries.

^{복습} **thrill** [θril] v. 열광시키다, 정말 신나게 하다; n. 흥분, 설렘; 전율 (thrilled a. 아주 신이 난)

If someone is thrilled, they are extremely pleased about something.

^{***} **rule** [ruːl] n. 규칙, 법칙; 규정; 지배, 통치; v. 지배하다, 통치하다

You can refer to something that is normal or usually true as a rule.

^{복습} **bet** [bet] v. (~이) 틀림없다; (내기 등에) 돈을 걸다; n. 짐작, 추측; 내기

You use expressions such as 'I bet,' 'I'll bet,' and 'you can bet' to indicate that you are sure something is true.

Chapter 6

1. **What did Junie B. hope that her grandpa would do?**

   A. Forgive her for losing the mittens

   B. Take her to the Lost and Found to find the mittens

   C. Tell her how much the mittens cost

   D. Buy her another pair of mittens

2. **Why wouldn't Junie B.'s grandpa take her to the mitten store?**

   A. There were no furry mittens left.

   B. The store was already closed.

   C. He was busy taking care of Ollie.

   D. He did not have enough money.

3. What did Junie B.'s grandpa think about the lost mittens?

A. Junie B. should forget about them.

B. Junie B. did not need them.

C. Junie B. might still find them.

D. Junie B. should have been more careful.

4. How did Junie B.'s grandpa get his wallet back?

A. He received a letter about it in the mail.

B. He found it in his mailbox.

C. He looked for it at the mall.

D. He asked everyone at the mall for help.

5. Why was the wallet important to Junie B.'s grandpa?

A. It contained a lot of cash.

B. It had a picture of Junie B. in it.

C. It was the first wallet that he ever bought.

D. It was given to him when he was a baby.

Check Your Reading Speed

1분에 몇 단어를 읽는지 리딩 속도를 측정해 보세요.

$$\frac{853 \ words}{reading \ time \ (\quad) \ sec} \times 60 = (\quad) \ WPM$$

Build Your Vocabulary

복습 **tattletale** [tǽtltèil] n. 수다쟁이, 고자질쟁이; a. 고자질하는, 비밀을 폭로하는
A tattletale is a child who tells an adult what another child has done wrong.

* **attract** [ətrǽkt] v. (반응을) 불러일으키다; 마음을 끌다
If you attract someone's attention, you make them notice someone or something.

* **attention** [əténʃən] n. 주의, 주목; 관심, 흥미; int. 알립니다, 주목하세요
If you give someone or something your attention, you look at it, listen to it, or think about it carefully.

복습 **mitten** [mitn] n. 손모아장갑
Mittens are gloves which have one section that covers your thumb and another section that covers your four fingers together.

복습 **furry** [fə́:ri] a. 부드러운 털의; 털로 덮인; 모피로 만든; 털 같은
If you describe something as furry, you mean that it has a soft rough texture like fur.

복습 **whisper** [hwíspər] v. 속삭이다, 소곤거리다; n. 속삭임, 소곤거리는 소리
When you whisper, you say something very quietly, using your breath rather than your throat, so that only one person can hear you.

복습 **tap** [tæp] v. (가볍게) 톡톡 두드리다; n. (가볍게) 두드리기
If you tap something, you hit it with a quick light blow or a series of quick light blows.

‡ support [səpɔ́:rt] n. 지지, 지원; 버팀대; v. 지지하다; 지원하다; 떠받치다
If you give support to someone during a difficult or unhappy time, you are kind to them and help them.

★ speedy [spí:di] a. 빠른, 신속한
Something speedy is capable of moving very fast.

‡ bullet [búlit] n. 총알
A bullet is a small piece of metal with a pointed or rounded end, which is fired out of a gun.

babysit [béibisit] v. (부모가 외출한 동안) 아이를 봐 주다
If you babysit for someone or babysit their children, you look after their children while they are out.

ᵇ홂 holler [hálər] v. 소리 지르다, 고함치다; n. 고함, 외침
If you holler, you shout loudly.

★ rock [rak] v. 흔들다, 흔들리다; n. 바위; 돌멩이
When something rocks or when you rock it, it moves slowly and regularly backward and forward or from side to side.

wiggle [wigl] n. 몸부림; v. 몸을 흔들다 (get a wiggle on idiom 서두르다)
To get a wiggle on means to hurry up.

‡ confuse [kənfjú:z] v. (사람을) 혼란시키다; 혼동하다 (confused a. 혼란스러운)
If you are confused, you do not know exactly what is happening or what to do.

ᵇ홂 steal [sti:l] v. (stole-stolen) 훔치다, 도둑질하다; 살며시 움직이다
If you steal something from someone, you take it away from them without their permission and without intending to return it.

ᵇ홂 crook [kruk] n. 도둑, 사기꾼; 갈고리; v. 속이다; 구부리다; 갈고리로 낚아채다
A crook is a dishonest person or a criminal.

★ hurray [həréi] int. 만세
People sometimes shout 'Hurray!' when they are very happy and excited about something.

cash [kæʃ] n. 현금, 돈
Cash is money in the form of notes and coins.

pair [pɛər] n. 한 쌍; 짝, 두 사람; v. (둘씩) 짝을 짓다
Two things of the same type that are used together are referred to as a
pair, for example a pair of shoes or a pair of earrings.

count on idiom 기대하다; 의지하다, 믿다
If you count on someone or something, you hope or expect that
something will happen or that someone will do something.

development [divéləpmənt] n. 새로이 전개된 사건; 개발; 발달, 성장
A development is an event or incident which has recently happened and
is likely to have an effect on the present situation.

ruffle [rʌfl] v. 헝클다; (마음을) 산란하게 하다; n. 주름 장식
If you ruffle someone's hair, you move your hand backward and forward
through it as a way of showing your affection toward them.

dumb [dʌm] a. 멍청한, 바보 같은; 말을 못 하는
If you say that something is dumb, you think that it is silly and annoying.

turn in idiom ~을 돌려주다, 반납하다; ~을 제출하다
If you turn something in, you return it to the person it belongs to,
especially something that was lost or was lent to you.

stuff [stʌf] n. 것, 물건, 일; v. 채워 넣다; 쑤셔 넣다
You can use stuff to refer to things such as a substance, a collection of
things, events, or ideas, or the contents of something in a general way
without mentioning the thing itself by name.

pat [pæt] v. 쓰다듬다, 토닥거리다; n. 쓰다듬기, 토닥거리기
If you pat something or someone, you tap them lightly, usually with
your hand held flat.

turn up idiom 나타나다, 찾게 되다; 도착하다
If you turn something up or if it turns up, you find, discover, or notice it.

‡ **folk** [fouk] n. 사람들; (pl.) 여러분, 얘들아; a. 민속의, 전통적인
You can refer to people as folk or folks.

bob [bab] v. (고개를) 까닥거리다; 위아래로 움직이다; n. (머리·몸을) 까닥거림
When you bob your head, you move it quickly up and down once, for example when you greet someone or show agreement.

weep [wi:p] v. 울다, 눈물을 흘리다; n. 울기 (**weeper** n. 우는 사람, 슬퍼하는 사람)
A weeper is a person who cries.

rule [ru:l] n. 규칙, 법칙; 규정; 지배, 통치; v. 지배하다, 통치하다
You can refer to something that is normal or usually true as a rule.

smack [smæk] ad. 똑바로, 바로; v. 찰싹 소리가 나게 치다; n. 찰싹 때리는 소리
Something that is smack in a particular place is exactly in that place.

* **mailbox** [méilbaks] n. 우편함, 우체통
A mailbox is a box outside your house where your letters are delivered.

sparkly [spá:rkli] a. 활기 있는, 생기에 찬; 반짝반짝 빛나는
If you describe someone as sparkly, you mean that they are lively and animated.

‡ **imagine** [imædʒin] v. 상상하다, (마음속으로) 그리다
If you imagine something, you think about it and your mind forms a picture or idea of it.

instead [instéd] ad. 대신에
If you do not do something, but do something else instead, you do the second thing and not the first thing, as the result of a choice or a change of behavior.

all the way idiom 내내, 시종; 완전히
If you say that you go or travel all the way somewhere, you emphasize that it is a long way.

‡ **reach** [ri:ʃ] v. (손·팔을) 뻗다; ~에 이르다; n. (닿을 수 있는) 거리; 범위
If you reach somewhere, you move your arm and hand to take or touch something.

stare [stɛər] v. 빤히 쳐다보다, 응시하다; n. 빤히 쳐다보기, 응시

If you stare at someone or something, you look at them for a long time.

lean [liːn] v. 기울이다, (몸을) 숙이다; 기대다; a. 호리호리한

To lean means to move your body so it is closer to or further from someone or something, for example by bending at the waist.

Chapter
7

1. What did Junie B. plan to do on the playground?

   A. Look for a person with a tattoo

   B. Draw a tattoo on herself

   C. Ask all the kids if they took her mittens

   D. Tell everyone that she lost her mittens

2. What did the girl with Junie B.'s mittens look like?

   A. She had a mean face.

   B. She had a black dress and black jacket.

   C. She had a fluffy outfit.

   D. She had a big tattoo.

3. Why did the girl take the mittens?

   A. She thought that no one wanted them.

   B. She thought that they were hers.

   C. She thought that someone lost them.

   D. She thought that she would not get caught.

4. What did Mrs. say to the girl about the mittens?

   A. She should not have cared about them.

   B. She should not have taken them.

   C. She should have given them to a teacher.

   D. She should have asked if anyone would like them.

5. What did Junie B. tell the girl?

   A. She was not a very smart crook.

   B. She should buy her own mittens.

   C. She knew that the mittens were Junie B.'s.

   D. She could not keep Junie B.'s things.

Check Your Reading Speed
1분에 몇 단어를 읽는지 리딩 속도를 측정해 보세요.

$$\frac{906 \text{ words}}{\text{reading time ( ) sec}} \times 60 = (\qquad) \text{ WPM}$$

Build Your Vocabulary

fluffy [flʌ́fi] a. 솜털의, 솜털로 뒤덮인; 가벼운, 푹신한
If you describe something as fluffy, you mean that it is covered in very soft fur or feathers.

sigh [sai] n. 한숨; v. 한숨을 쉬다, 한숨짓다; 탄식하듯 말하다
A sigh is a slow breath out that makes a long soft sound, especially because you are disappointed, tired, annoyed, or relaxed.

confuse [kənfjúːz] v. (사람을) 혼란시키다; 혼동하다 (confusion n. 혼란)
If you are in confusion, you are feeling that you do not understand something or cannot decide what to do.

weep [wiːp] v. 울다, 눈물을 흘리다; n. 울기 (weeper n. 우는 사람, 슬퍼하는 사람)
A weeper is a person who cries.

rule [ruːl] n. 규칙, 법칙; 규정; 지배, 통치; v. 지배하다, 통치하다
You can refer to something that is normal or usually true as a rule.

apparent [əpǽrənt] a. 분명한, 누가 봐도 알 수 있는; 겉보기에는; ~인 것처럼 보이는
(apparently ad. 분명히)
You use apparently when something seems clear or obvious, according to appearances.

waste [weist] n. 낭비; 쓰레기, 폐기물; v. 낭비하다 (go to waste idiom 쓸모없이 되다)
If something goes to waste, it remains unused or has to be thrown away.

backpack [bǽkpæk] n. 책가방, 배낭
A backpack is a bag with straps that go over your shoulders, so that you can carry things on your back when you are walking or climbing.

all of a sudden idiom 갑자기
If something happens all of a sudden, it happens quickly and unexpectedly.

mitten [mitn] n. 손모아장갑
Mittens are gloves which have one section that covers your thumb and another section that covers your four fingers together.

beg [beg] v. 간청하다, 애원하다; 구걸하다
If you beg someone to do something, you ask them very anxiously or eagerly to do it.

depress [diprés] v. 우울하게 하다; 침체시키다 (depressed a. 우울한)
If you are depressed, you are sad and feel that you cannot enjoy anything, because your situation is so difficult and unpleasant.

biggish [bígiʃ] a. 약간 큰, 큰 편인
Something that is biggish is fairly big.

mean [miːn] a. 못된, 심술궂은; v. 의미하다, 뜻하다
If someone is being mean, they are being unkind to another person, for example by not allowing them to do something.

pop [pap] v. 불쑥 나타나다; 눈이 휘둥그레지다; 펑 하는 소리가 나다; n. 펑 (하는 소리)
If something pops, it suddenly appears, especially when not expected.

spot [spat] v. 발견하다, 찾다, 알아채다; n. (특정한) 곳; (작은) 점
If you spot something or someone, you notice them.

bet [bet] v. (~이) 틀림없다; (내기 등에) 돈을 걸다; n. 짐작, 추측; 내기
You use expressions such as 'I bet,' 'I'll bet,' and 'you can bet' to indicate that you are sure something is true.

playground [pléigràund] n. (학교의) 운동장; 놀이터
A playground is a piece of land, at school or in a public area, where children can play.

^{복습} **recess** [risés] n. (학교의) 쉬는 시간; (의회·위원회 등의) 휴회 기간
A recess is a short period of time during the school day when children can play.

^{복습} **instead** [instéd] ad. 대신에
If you do not do something, but do something else instead, you do the second thing and not the first thing, as the result of a choice or a change of behavior.

sniffle [snifl] v. (계속) 훌쩍거리다; n. 훌쩍거림; 훌쩍거리는 소리
If you sniffle, you keep breathing in noisily through your nose, for example because you are crying or you have a cold.

^{복습} **drip** [drip] v. 방울방울 흐르다, 뚝뚝 떨어지다
When something drips, drops of liquid fall from it.

★ **wipe** [waip] v. (먼지·물기 등을) 닦다; 지우다; n. 닦기
If you wipe dirt or liquid from something, you remove it, for example by using a cloth or your hand.

^{복습} **attractive** [ətrǽktiv] a. 멋진; 마음을 끄는; 매력적인
Something that is attractive has a pleasant appearance or sound.

★ **sleeve** [sliːv] n. (옷의) 소매, 소맷자락
The sleeves of a coat, shirt, or other item of clothing are the parts that cover your arms.

^{복습} **skip** [skip] v. 깡충깡충 뛰다; (일을) 거르다; 생략하다; n. 깡충깡충 뛰기
If you skip along, you move almost as if you are dancing, with a series of little jumps from one foot to the other.

^{복습} **fur** [fəːr] n. 모피; (동물의) 털; 모피 의류
You can refer to an artificial material that looks and feels like animal fur as fur.

^{복습} **furry** [fə́ːri] a. 부드러운 털의; 털로 덮인; 모피로 만든; 털 같은
If you describe something as furry, you mean that it has a soft rough texture like fur.

scream [skri:m] v. 비명을 지르다, 괴성을 지르다; n. 비명, 절규
When someone screams, they make a very loud, high-pitched cry, because they are in pain or are very frightened.

zoom [zu:m] v. 쌩 하고 가다; 급등하다; n. (빠르게) 쌩 하고 지나가는 소리
If you zoom somewhere, you go there very quickly.

speed [spi:d] v. 빨리 가다; 더 빠르게 하다; 속도위반하다; n. 속도
If you speed somewhere, you move or travel there quickly.

grab [græb] v. (와락·단단히) 붙잡다; 급히 ~하다; n. 와락 잡아채려고 함
If you grab something, you take or hold someone or something with your hand suddenly, firmly, or roughly.

steal [sti:l] v. (stole-stolen) 훔치다, 도둑질하다; 살며시 움직이다
If you steal something from someone, you take it away from them without their permission and without intending to return it.

cover [kʌ́vər] v. 가리다; 덮다; n. 덮개; (pl.) (침대) 커버, 이불
If you cover something, you place something else over it in order to protect it, hide it, or close it.

stump [stʌmp] v. 난처하게 하다; 쿵쿵거리며 걷다; n. (나무의) 그루터기; 남은 부분
If you are stumped by a question or problem, you are unable to find an answer to it.

yell [jel] v. 고함치다, 소리 지르다; n. 고함, 외침
If you yell, you shout loudly, usually because you are excited, angry, or in pain.

heartache [há:rteik] n. 마음의 고통; 고민, 고뇌
Heartache is very great sadness and emotional suffering.

hush [hʌʃ] v. 조용히 시키다; 진정시키다; n. 침묵, 고요
If you hush someone or something, you make them become quieter.

bend [bend] v. (bent-bent) (몸·머리를) 굽히다, 숙이다; 구부리다; n. (도로·강의) 굽이, 굽은 곳
When you bend, you move the top part of your body downward and forward.

^{복습} **take care of** idiom ~을 돌보다; ~을 처리하다
To take care of someone or something means to protect them and
provide the things that they need.

* **stamp** [stæmp] v. (발을) 구르다; 쾅쾅거리며 걷다; (도장 등을) 찍다; n. 쿵쾅거리기; 도장
If you stamp or stamp your foot, you lift your foot and put it down very
hard on the ground, for example because you are angry.

* **smooth** [smuːð] v. 매끈하게 하다, 반듯하게 매만지다; a. 매끈한; 부드러운; (소리가) 감미로운
If you smooth something, you move your hands over its surface to make
it smooth and flat.

* **issue** [íʃuː] n. 문제; 주제, 사안; v. 발표하다; 발부하다
If something is the issue, it is the thing you consider to be the most
important part of a situation or discussion.

^{복습} **stuff** [stʌf] n. 것, 물건, 일; v. 채워 넣다; 쑤셔 넣다
You can use stuff to refer to things such as a substance, a collection of
things, events, or ideas, or the contents of something in a general way
without mentioning the thing itself by name.

^{복습} **mailbox** [méilbaks] n. 우편함, 우체통
A mailbox is a box outside your house where your letters are delivered.

* **nerve** [nəːrv] n. 신경질, 근심; 신경 (**get on ones' nerves** idiom 신경을 건드리다)
If you get on someone's nerves, you irritate, annoy, or upset them.

* **bury** [béri] v. 푹 파묻다; 땅에 묻다; 감추다
If you bury your head or face in something, you press your head or face
against it.

^{복습} **joyful** [dʒɔ́ifəl] a. 아주 기뻐하는; 기쁜
Someone who is joyful is extremely happy.

Chapter
8

1. **What did Junie B. realize in the principal's office?**

   A. The principal did not have time to talk to her.

   B. The teddy backpack was still there.

   C. There were many new things in the Lost and Found.

   D. No one had come looking for the pen.

2. **What did the typing lady wonder?**

   A. If Junie B stole the pen

   B. If Junie B. was a bad kid

   C. If Junie B. was feeling okay

   D. If Junie B. lost the teddy backpack

3. What did Junie B. say about the pen?

   A. Anyone would be lucky to have it.

   B. The owner would find it soon.

   C. She would get it back if no one wanted it.

   D. It did not matter that she loved it.

4. Why did Junie B. hesitate to leave?

   A. She was waiting for a smile to come.

   B. She wanted to talk more to the typing lady.

   C. She wanted to explain why she was not a crook.

   D. She was looking at something in the Lost and Found.

5. What did NOT happen before Junie B. left the office?

   A. She told a joke.

   B. She felt satisfied.

   C. The typing lady laughed.

   D. The typing lady opened the door for Junie B.

Check Your Reading Speed
1분에 몇 단어를 읽는지 리딩 속도를 측정해 보세요.

$$\frac{396 \text{ words}}{\text{reading time ( ) sec}} \times 60 = (\qquad) \text{ WPM}$$

Build Your Vocabulary

crook [kruk] n. 도둑, 사기꾼; 갈고리; v. 속이다; 구부리다; 갈고리로 낚아채다
A crook is a dishonest person or a criminal.

principal [prínsəpəl] n. 교장; a. 주요한, 주된
The principal of a school or college is the person in charge of the school or college.

grouchy [gráuʧi] a. 성난, 기분이 언짢은; 불평이 많은, 잘 투덜거리는
If someone is grouchy, they are very bad-tempered and complain a lot.

type [taip] v. 타자를 치다, 입력하다; 분류하다; n. 유형, 종류
If you type something, you write it using a computer keyboard or typewriter.

counter [káuntər] n. (식당·바·도서관 등의) 창구, 카운터; 반작용; v. 반박하다; 대응하다
In a place such as a store or café, a counter is a long, narrow table or flat surface at which customers are served.

rock [rak] v. 흔들다, 흔들리다; n. 바위; 돌멩이
When something rocks or when you rock it, it moves slowly and regularly backward and forward or from side to side.

back and forth idiom 앞뒤로; 좌우로; 여기저기에, 왔다 갔다
If someone moves back and forth, they repeatedly move in one direction and then in the opposite direction.

^{복습} **that's all** idiom 그게 다이다, 그뿐이다
You can say 'that's all' at the end of a sentence when you say that there is nothing more involved than what you have mentioned.

^{복습} **closet** [klázit] n. 벽장
A closet is a piece of furniture with doors at the front and shelves inside, which is used for storing things.

^{복습} **bend** [bend] v. (bent-bent) (몸·머리를) 굽히다, 숙이다; 구부리다; n. (도로·강의) 굽이, 굽은 곳
When you bend, you move the top part of your body downward and forward.

‡ dig [dig] v. (dug-dug) 찔러 넣다, 찌르다; 파다, 파헤치다; n. 쿡 찌르기; 파기
If you dig into something such as a deep container, you put your hand in it to search for something.

^{복습} **thrill** [θril] v. 열광시키다, 정말 신나게 하다; n. 흥분, 설렘; 전율 (**thrilled** a. 아주 신이 난)
If someone is thrilled, they are extremely pleased about something.

^{복습} **backpack** [bǽkpæk] n. 책가방, 배낭
A backpack is a bag with straps that go over your shoulders, so that you can carry things on your back when you are walking or climbing.

snuggle [snʌgl] v. 파묻다; 바싹 파고들다, 달라붙다
If you snuggle someone or something, you put them into a warm comfortable position, especially close to someone.

tummy [tʌ́mi] n. 배, 복부
Your tummy is the part of the front of your body below your waist.

^{복습} **whisper** [hwíspər] v. 속삭이다, 소곤거리다; n. 속삭임, 소곤거리는 소리
When you whisper, you say something very quietly, using your breath rather than your throat, so that only one person can hear you.

^{복습} **skip** [skip] v. 깡충깡충 뛰다; (일을) 거르다; 생략하다; n. 깡충깡충 뛰기
If you skip along, you move almost as if you are dancing, with a series of little jumps from one foot to the other.

hang up idiom 전화를 끊다; ~을 중지하다
To hang up means to end a telephone conversation, often very suddenly.

sigh [sai] n. 한숨; v. 한숨을 쉬다, 한숨짓다; 탄식하듯 말하다
A sigh is a slow breath out that makes a long soft sound, especially because you are disappointed, tired, annoyed, or relaxed.

reach [riːʧ] v. (손·팔을) 뻗다; ~에 이르다; n. (닿을 수 있는) 거리; 범위
If you reach somewhere, you move your arm and hand to take or touch something.

water fountain [wɔ́ːtər fàuntən] n. (분수식) 식수대
A water fountain is a machine in a park or other public place that provides drinking water when you push a button.

issue [íʃuː] n. 문제; 주제, 사안; v. 발표하다; 발부하다
If something is the issue, it is the thing you consider to be the most important part of a situation or discussion.

ruffle [rʌfl] v. 헝클다; (마음을) 산란하게 하다; n. 주름 장식
If you ruffle someone's hair, you move your hand backward and forward through it as a way of showing your affection toward them.

eyebrow [áibràu] n. 눈썹
Your eyebrows are the lines of hair which grow above your eyes.

grin [grin] n. 활짝 웃음; v. 활짝 웃다
A grin is a broad smile.

delay [diléi] n. 지연, 지체; 연기; v. 미루다, 연기하다; 지연시키다
If there is a delay, something does not happen until later than planned or expected.

squeal [skwiːl] v. 꽥 하는 소리를 내다; n. 꽥 하는 소리
If someone or something squeals, they make a long, high-pitched sound.

all the way idiom 내내, 시종; 완전히
If you do something all the way somewhere, you do it during the whole journey or period of time.

^{복습}**relieve** [rilíːv] v. 안도하게 하다; (불쾌감·고통 등을) 없애 주다; 완화하다 (relief n. 안도, 안심)

If you feel a sense of relief, you feel happy because something unpleasant has not happened or is no longer happening.

1장 아무런 이유 없이

내 이름은 주니 B. 존스(Junie B. Jones) 입니다. B는 비어트리스(Beatrice)를 나타냅니다. 하지만 나는 비어트리스라는 이름을 좋아하지 않습니다. 나는 그냥 B를 좋아할 뿐이고 그게 다입니다.

여기 여러분에게 들려줄 이야기가 하나 있습니다.

그 이야기는 바로 "옛날 옛적에 프랭크 밀러(Frank Miller)라는 이름의 우리 할아버지가 가게에 갔고 그는 나에게 어떤 장갑을 사 주었어요."입니다.

옛날 옛적에 프랭크 밀러라는 이름의 우리 할아버지가 가게에 갔고 그는 나에게 어떤 장갑을 사 주었어요. 그것들은 검은색의 복슬복슬한 털로 만들어졌어요.

그리고 그거 아세요? 그날은 심지어 내 생일도 아니었어요! 크리스마스도 아니었고요! 밸런타인데이(Valentine's Day)도 아니었어요! 그리고 장갑이 할인 중인 것도 아니었죠!

밀러 할아버지(Grampa Miller)는 아무런 이유 없이 그냥 그 장갑을 사 준 거예요! 그리고 그것은 내가 지금까지 들은 것 중에서 가장 훌륭한 이유예요!

그래서 내가 그 사람을 정말 많이 좋아하는 거예요.

그리고 또 그는 한 발씩 깡충깡충 뛸 수도 있지요.

이야기 끝.

나는 그 이야기를 정말 많이 좋아합니다.

왜 그런지 아세요?

나는 심지어 그 이야기를 지어내지도 않았거든요. 그래서 그렇죠!

그 신나는 일은 실제로 나에게 일어났어요! 나의 밀러 할아버지가 아무런 이유 없이 내게 장갑을 진짜 정말로 사 주었죠!

그리고 그것들은 아주 멋져요, 정말이에요!

내가 처음 장갑을 뜯었을 때, 내 마음은 기쁨으로 가득 찼습니다.

기쁨이란 여러분이 뛰어다닐 때입니다. 그리고 폴짝 뛸 때예요. 그리고 깡충깡충 뛸 때죠. 그리고 웃을 때예요. 그리고 박수 칠 때도요. 그리고 식탁 위에서 춤추는 때입니다.

그러면 여러분의 엄마는 여러분을 식탁에서 끌어 내립니다. 그리고 그녀는 이제-그만이라는 이유로 여러분을 여러분의 방으로 데려갑니다.

이제-그만은 기쁨을 끝내 버리는 것입니다.

나는 그날 아침 내내 나의 새 장갑을 꼈습니다. 그리고 또 나는 그것을 끼고

학교 유치부 오후반에 갔습니다.

나는 나의 멋진 겨울 재킷을 입고 그 장갑을 꼈습니다. 하지만 바깥은 사실 춥지 않았습니다. 그렇다고 누가 신경이나 쓸까요? 왜냐면('cause) 그 복장은 같이 입으니까 정말 예뻐 보였거든요.

나는 그레이스(Grace)라는 이름의 나의 가장 친한 친구에게 내 장갑을 보여 주었습니다. 또, 나는 그것을 여러 명의 모르는 사람들에게도 보여 주었습니다.

내가 학교에 도착한 후, 나는 내 머리 위로 두 손을 들었습니다. 그리고 나는 운동장 여기저기를 뛰어다녔습니다.

"이것 봐, 다들! 나의 새 장갑 좀 봐! 나의 프랭크 밀러 할아버지가 아무 이유 없이 이걸 사 줬어!"

나는 그것을 공중에서 이리저리 흔들었습니다.

"몇 명이나 이 사랑스러운 걸 보고 있나요? 손 좀 들어 보세요." 나는 소리쳤습니다.

아무도 그들의 손을 들지 않았습니다.

"몇 명이나 이 장갑을 아주 멋있다고 생각하나요? 앞으로 좀 나와 보세요!" 나는 외쳤습니다.

아무도 앞으로 나오지 않았습니다.

나는 내 손을 다시 내리고 그 그레이스에게 걸어갔습니다.

"나는 어떤 관심도 불러일으킬 수 없었어." 내가 아주 침울하게 말했습니다.

그런데 그거 아세요? 바로 그때, 나는 루실(Lucille)이라는 이름의 나의 다른 가장 친한 친구를 발견했습니다!

나는 그녀에게 인사하기 위해 전속력으로 달려갔습니다.

"루실! 루실! 나의 아주 멋진 새 장갑 좀 봐! 이거 보여? 이건 검은색의 복슬복슬한 털로 만들어졌어!"

루실은 그것을 쓰다듬었습니다.

"우리 가족은 털옷을 많이 가지고 있어." 그녀가 말했습니다. "우리 엄마는 털 망토를 가지고 있어. 그리고 우리 이모에게는 털 재킷이 있지. 그리고 우리 삼촌은 털모자가 있고. 그리고 우리 할머니는 새로 나온 밍크코트를 이제 막 샀지. 그런데 할머니는 그걸 집 밖에서 입으면 안 돼. 안 그러면 사람들이 할머니한테 페인트를 뿌릴 테니까 말이야."

나의 입이 떡 하니 벌어졌습니다.

"왜, 루실? 왜 사람들이 너네 할머니한테 페인트를 뿌릴 거라는 거야?" 내가 물었습니다.

루실은 팔짱을 꼈습니다.

"넌 아무것도 모르니, 주니 B. 존스? 그건 털이 난 동물들을 좋아하는 사람들은 그 동물들이 할머니들을 위한 코트로 만들어지는 걸 좋아하지 않기 때문이야."

바로 그때, 나는 마음속으로 안심했습니다. 왜냐면 나는 할머니가 전혀 아니거든요. 그래서 그렇죠. 그리고 또, 나의 장갑은 심지어 진짜 털이 난 동물들로 만들어진 것도 아닙니다. 그것들은 *가짜* 털이 난 동물들로 만들어졌습니다. 그리고 그런 종류는 포함되지도 않죠.

갑자기, 학교 종이 울렸습니다.

나는 재빠른 로켓처럼 내 교실로 쌩하고 뛰어갔습니다.

왜 그런지 아세요?

내 장갑을 보여 줄 사람들이 더 있으니까요!

그래서 그렇죠!

2장 복슬복슬한 손

나는 나의 선생님에게 내 장갑을 보여 주었습니다.

그녀의 이름은 선생님(Mrs.)입니다.

마찬가지로, 그녀에게는 또 다른 이름이 있습니다. 하지만 나는 그냥 선생님이라는 이름이 좋고 그게 다입니다.

"이것 좀 만져 보세요, 선생님." 내가 말했습니다. "이게 얼마나 부드러운지 좀 만져 보세요."

나는 선생님의 얼굴에 그 장갑을 문질렀습니다.

"오오오, 장갑이 참 부드럽구나, 주니 B." 그녀가 말했습니다. "장갑을 잃어버리지 않도록 네 재킷 주머니에 그것들을 꼭 넣어 두렴, 알겠지?"

나는 매우 행복해하며 내 자리로 깡충깡충 뛰어갔습니다.

"알겠어요, 하지만 저는 이걸 잃어버리지도 않을 거예요." 나는 그냥 혼잣말을 했습니다. "저는 그것을 제 손에 딱 끼고 있을 거예요. 온종일요. 왜냐면 저는 이 녀석들이 정말 좋거든요, 그래서 그렇죠."

나는 나의 멋진 겨울 재킷을 벗었습니다. 그리고 내 책상에 앉았습니다.

그런 다음 나는 나의 복슬복슬한 장갑을 낀 채로 루실을 톡톡 쳤습니다.

"안녕. 오늘 기분이 어때? 나에게 복슬복슬한 손이 있어. 이거 보이지, 루실? 털로 덮인 내 손 보여?"

나는 두 손을 공중으로 날렸습니다.

"이게 바로 복슬복슬한 손이 하늘을 날 때의 모습이야." 내가 말했습니다.

나는 손을 흔들어 인사했습니다.

"이게 바로 복슬복슬한 손이 손을 흔들어 인사할 때의 모습이지." 내가 말했습니다.

루실은 얼굴을 찌푸렸습니다.

"너는 짜증 나게 굴고 있어." 그녀가 말했습니다.

그래서 내가 뒤를 돌았던 것입니다.

그리고 나는 윌리엄(William)이라는 이름의 남자아이를 향해 미소 지었습니다.

"나에게 복슬복슬한 손이 있어, 윌리엄. 이거 보여? 내 복슬복슬한 손 보이지?"

나는 그의 머리를 톡톡 쳤습니다.

"이게 바로 복슬복슬한 손이 네 머리를 톡톡 칠 때의 모습이야." 내가 말했습니다.

바로 그때, 나는 내 의자에서 일어섰습니다. 그리고 나는 리카도(Ricardo)라는 이름의 내 남자친구에게 깡충깡충 뛰어갔습니다.

나는 털로 된 부드러운 내 손으로 그의 턱 밑을 간지럽혔습니다.

"이게 바로 복슬복슬한 손이 네 턱 밑을 간지럽힐 때의 모습이야." 내가 말했습니다.

그리고 나서 나는 활짝 웃고 또 활짝 웃었습니다. 왜냐면 그 남자아이는 나의 가장 멋진 모습을 끌어내 주거든요. 그래서 그렇죠.

얼마 지나지 않아, 선생님이 내가 내 자리에서 벗어난 것을 보았습니다.

그녀는 내 손을 잡고 내 책상으로 나를 다시 데리고 갔습니다.

"이게 바로 복슬복슬한 손이 내 책상까지 걸어갈 때의 모습이에요." 내가 말했습니다.

선생님은 나를 내 의자에 털썩 앉혔습니다.

그런 다음 그녀는 나의 복슬복슬한 장갑을 벗겨 냈습니다. 그리고 그녀는 그것을 그녀의 책상 위에 올려 두었습니다.

나는 슬픈 한숨을 쉬었습니다.

"이게 바로 복슬복슬한 손이 더 이상 내 물건이 아닐 때의 모습이야." 나는 혼잣말로 속삭였습니다.

그 후, 나는 내 책상 위에 머리를 대고 엎드렸습니다.

그리고 내 팔로 완전히 감쌌습니다.

그리고 나는 아주 오랫동안 고개를 들지 않았습니다.

3장 밤톨이(Brownie) 되기

선생님은 쉬는 시간이 되면 내가 내 장갑을 다시 가져갈 수 있다고 말했습니다.

나는 시계를 빤히 쳐다보고 또 쳐다보았습니다. 그런 다음 나는 내 손가락으로 내 책상 위를 톡톡 두드렸습니다. 그리고 나는 크게 숨을 내쉬었습니다.

루실은 나를 고자질했습니다.

"주니 B.가 계속해서 자기 손가락으로 톡톡 두드리고 시끄럽게 숨을 쉬어요! 그래서 저는 제 공부에 전혀 집중

할 수가 없어요!" 그녀가 툴툴댔습니다.

선생님이 내 책상으로 왔습니다.

"안녕하세요. 오늘 기분이 어때요?" 나는 살짝 긴장한 채로 말했습니다. "저는 기분이 괜찮아요. 저에게 실제로 제 장갑이 없다는 것만 빼면요."

그녀는 그녀의 발을 아주 빠르게 톡 톡 굴렀습니다.

내 생각에, 그것은 좋은 신호가 아닌 것 같았습니다.

그런데 이거 아세요? 바로 그때, 쉬는 시간을 알리는 종이 울렸습니다!

"이야!" 내가 외쳤습니다. "이야! 야호! 왜냐면 이제 난 내 장갑을 되찾을 수 있거든! 맞죠, 선생님? 그렇죠? 네?"

나는 그녀의 책상으로 빠르게 뛰어가서 내 손에 장갑을 꼈습니다.

그런 다음 나는 내 볼 여기저기에 그 부드러운 녀석을 문질렀습니다.

"너랑 다시 함께할 수 있어서 기뻐." 나는 장갑 털에 대고 속삭였습니다.

그 후, 나는 내 멋진 겨울 재킷을 입었습니다. 그리고 나는 내 친구들과 함께 밖으로 깡충깡충 뛰어갔습니다.

나와 고자질쟁이 루실과 그 그레이스는 쉬는 시간에 함께 말처럼 뛰놉니다.

나는 밤톨이입니다. 루실은 까망이(Blackie)이고요. 그리고 그 그레이스는 노랑이(Yellowie)입니다.

"나는 노랑이야!" 그 그레이스가 소리쳤습니다.

"나는 까망이야!" 루실이 소리쳤습니다.

"나는 밤톨이야!" 내가 소리쳤습니다.

그런데 바로 그때, 나는 내 장갑을 바라보았습니다.

나는 얼굴을 찡그렸습니다.

왜냐면 여기 약간의 문제가 생겼거든요, 내 생각에는요.

"좋아, 그런데 어떻게 내가 밤톨이가 될 수 있겠어? 왜냐면 내 앞발이 검은 색이거든. 그리고 그래서 나는 보다시피, 두 가지 다른 색이야."

루실과 그 그레이스도 얼굴을 찡그렸습니다, 마찬가지로요.

"흠." 그 그레이스가 말했습니다.

"흠." 루실이 말했습니다.

"흠." 내가 말했습니다

바로 그때, 그 그레이스가 아주 신이 나서 그녀의 손뼉을 쳤습니다. "나 알겠다, 주니 B.! 오늘 너하고 루실이 교환하면 돼! 오늘은 루실이 밤톨이를 하면 되는 거야! 그리고 네가 까망이를 하는 거지! 그리고 그래서 그런 식으로 네 앞발은 딱 맞는 색깔이 되는 거야!"

나와 루실은 그 애를 바라보고 또 바라보았습니다. 왜냐면 그게 무슨 말도 안 되는 생각이죠?

나는 씩씩댔습니다.

"좋아, 그런데 나는 이미 *밤톨이*인데 어떻게 내가 *까망이*가 될 수 있겠어, 그레이스?" 내가 말했습니다. "나는 내 평생 동안 밤톨이였단 말이야. 네가 그냥 그렇게 *바꿀* 수는 없어, 너도 알다시피."

"맞아, 그레이스. 네가 그냥 그렇게 *바꿀* 수는 없는 거야." 루실이 말했습니다.

그 그레이스는 스스로에게 당황한 듯 보였습니다. "어 맞아. . . 내가 무슨 생각이었던 거지?" 그녀는 몹시 웅얼거리며 말했습니다.

그 후, 우리는 모두 잔디밭에 앉았습니다. 그리고 우리는 우리의 턱을 톡톡 쳤습니다.

우리는 생각하고 생각하고 또 생각했습니다.

그때—갑자기—내 얼굴 전체가 환해졌습니다.

"애들아! 내가 방법을 생각해 냈어! 내가 방법을 생각해 냈다고! 난 정학히 ('zactly) 뭘 해야 할지 알겠어!" 내가 외쳤습니다.

나는 벌떡 일어났습니다.

"다시 시작해 봐, 그레이스! 다시 네 이름을 말해 봐! 네가 노랑이라고 말해 보라고!"

그 그레이스는 나를 의아하다는듯이 쳐다보았습니다.

"나는 노랑이야." 그녀가 말했습니다.

나는 루실을 가리켰습니다.

"나는 까망이야." 그녀가 다음으로 말했습니다.

나는 아주 기뻐하며 빙그르르 돌았습니다.

"나는 밤톨이야!" 내가 소리쳤습니다. "그런데 이거 아니? 어제 우리 밤톨이 할아버지가 나에게 검은색의 복슬복슬한 장갑을 사 줬어! 그리고 그래서 그게 내가 두 가지 다른 색깔을 하고 있는 거야, 보다시피 말이지!"

그 후, 우리는 모두 하이 파이브를 했습니다. 그리고 우리는 말처럼 뛰놀기 시작했습니다.

우리는 질주했습니다. 그리고 빨리 걸었습니다. 그리고 힝힝거렸습니다. 그리고 쿵쿵댔습니다.

하지만 내게는 참으로 안타까운 일이었습니다. 왜냐면 태양이 계속해서 나의 말 머리 위로 내리쬐었기 때문입니다. 그리고 나는 나의 멋진 겨울 재킷 속에서 땀이 뚝뚝 났습니다.

"나는 더워서 땀으로 죽을 거 같아." 내가 말했습니다.

그래서 나는 나무 쪽으로 빨리 걸어갔습니다. 그리고 내가 걸치고 있던 것을 전부 벗었어요.

먼저 나는 내 멋진 겨울 재킷을 벗었습니다. 그런 다음 나는 내 복슬복슬한 검은색 장갑을 벗었습니다. 그리고 나는 그것들을 조심스럽게 한 무더기로 쌓아 올렸습니다.

그 후, 나는 질주해서 나의 말 친구들을 찾으러 떠났습니다. 그리고 우리는 놀고 또 놀았습니다.

얼마 지나지 않아, 선생님이 그녀의 호루라기를 시끄럽게 불었습니다.

그것은 쉬는 시간이 끝났다는 뜻입니다.

"가요!" 노랑이가 소리쳤습니다.

"가요!" 까망이가 소리쳤습니다.

"가요!" 내가 소리쳤습니다.

그리고 나서 나는 내 옷을 가지러 서둘러 나무로 되돌아갔습니다.

그런데 이거 아세요?

나는 거기에서 굉장히 끔찍한 무언가를 봤어요, 바로 그거예요!

그리고 그것은 바로 *저기요!!!* 누군가 내 장갑을 훔쳐 갔어요!!!!!입니다.

4장 곰 인형 책가방은 안 돼

나는 나무 주위를 이리저리 뛰어다녔습니다.

"911! 911! 911!" 나는 소리쳤습니다. "누군가 그걸 훔쳐 갔어요! 어떤 사람들이 내 장갑을 훔쳐 갔다고요!"

선생님이 아주 빠르게 다가왔습니다.

"그 사람들이 그걸 훔쳤어요! 그들이 내 장갑을 훔쳤어요! 911 불러요!" 나는 조금 더 소리쳤습니다.

선생님은 내 옆으로 몸을 숙였습니다. "누가, 주니 B.? 누가 장갑을 훔쳐 갔니?" 그녀가 물었습니다.

"도둑이요, 바로 그 사람이요! 도둑이 장갑을 훔쳤어요! 그리고 그래서 무슨 학교가 이렇죠? 왜냐면 난 여기에 도둑들이 있었는지도 몰랐단 말이에요!"

선생님은 내 목소리를 가라앉히라고 말했습니다.

"알겠어요, 그런데 나는 내 목소리를 그렇게 잘 가라앉힐 수 없어요. 왜냐면 나는 상심했거든요, 그래서 그렇죠."

*상심*은 여러분의 마음이 아플 때 쓰는 어른들의 말입니다.

나는 몹시 슬프게 땅을 바라보았습니다. "이제 내게 남은 건 나의 바보 같은 멋진 재킷뿐이에요."

선생님은 그것을 집어 들었습니다. 그런 다음 그녀는 내 손을 잡았습니다. 그리고 나와 그녀는 걷기 시작했습니다.

"너하고 나는 교장실에 갈 거야." 그녀가 내게 말했습니다.

나는 재빠르게 그녀에게서 내 손을 빼내려고 했습니다.

"안 돼요, 선생님! 저는 거기에 가면 안 돼요! 엄마가 말했는데 만약 제가 한 번만 더 교장실로 보내지면, 전 *외출 금지야, 꼬마 아가씨*가 되고 말 거예요."

내 눈에 눈물이 고였습니다.

"*외출 금지야, 꼬마 아가씨*,는 제가 제 방바닥에만 있어야 하는 거예요." 내가 말했습니다. "그리고 또 저는 카펫 위로 갈 수도 있고요."

선생님은 미소 지었습니다. "나는 너를 벌주려고 교장실에 데려가는 게 아니야, 주니 B." 그녀가 말했습니다. "나는 네 장갑을 찾아 주려고 너를 데려가는 거야."

나는 헉 하고 숨을 쉬었습니다.

"교장 선생님(Principal)이에요?" 나는 몹시 놀라서 물었습니다. "교장 선생님이 내 장갑을 훔쳐 간 거예요?"

선생님은 정말 큰 소리로 웃었습니다.

"아니, 주니 B. 교장 선생님은 네 장갑을 훔치지 않았어. 교장실은 분실물 보관함(Lost and Found)이 있는 곳이지."

그 후, 그녀는 다시 내 손을 잡았습니다. 그리고 우리는 교장실로 서둘러 갔습니다.

그곳에는 화난 얼굴로 타자를 치는 선생님이 있습니다.

나는 그녀를 좋아하지 않습니다.

"주니 B.가 분실물 보관함을 살펴봐야 해요." 선생님이 그녀에게 말했습니다. "아이가 볼일을 다 마치면 반으로 돌려보내 주세요."

그러고 나서 선생님은 9반(Room Nine)으로 돌아갔고 거기에 나를 혼자 남겨 두었습니다.

타자 치는 선생님은 책상 너머로 나를 쳐다보았습니다.

나는 침을 꿀꺽 삼켰습니다.

"네, 그런데 저는 오늘 나쁜 아이도 아니에요." 나는 매우 긴장한 채 설명했습니다. "어떤 사람이 내 장갑을 훔쳐 갔어요. 그리고 그게 내 이야기의 끝이에요."

타자 치는 선생님이 계속해서 나를 쳐다보았습니다. 그녀는 아무 말도 하지 않았습니다.

내 머리에서 땀이 났습니다.

"휴. . . 여기 좀 따뜻하네요, 안 그래요?" 내가 말했습니다.

바로 그때, 나는 문이 열리는 소리를 들었습니다.

그것은 교장 선생님이었습니다!

그가 교장실에서 나오고 있었어요!

나는 그의 모습을 보고 위아래로 폴짝폴짝 뛰었습니다. 왜냐하면 나는 그 사람을 아주 잘 알고 있거든요!

"교장 선생님! 봐요! 봐요! 저예요!

주니 B. 존스예요! 제 장갑을 운동장에서 도둑맞았어요! 그리고 그래서 선생님이 그 장갑을 찾으라고 나를 여기로 데려왔죠! 그래서 그냥 그걸 넘겨주면 저는 갈 거예요. . . 질문은 안 받아요."

교장 선생님은 나를 향해 이상한 표정을 지었습니다. 그런 다음 그는 벽장으로 가서 커다란 상자 하나를 꺼냈습니다.

"이게 분실물 보관함이란다, 주니 B." 그가 설명했습니다. "누군가가 주인을 잃은 물건을 발견하면 언제든지, 그들은 그걸 여기로 가져온단다. 그리고 우리는 그 물건을 이 상자 안에 넣지."

"왜요?" 내가 물었습니다. "왜 그 사람들은 그 물건을 집으로 가져가는 대신에 여기로 그걸 가져오는 거예요? 왜냐면 한번은 내가 길에서 5센트짜리 동전(nickel)을 하나 주웠거든요. 그리고 아빠는 내가 그걸 내 저금통 안에 넣어도 된다고 말했어요. 왜냐면 줍는 건 훔치는 거랑 같은 게 아니니까요. 맞죠, 교장 선생님? 줍는 건 운이 좋은 사람인 거잖아요."

교장 선생님은 살짝 웃었습니다.

"음, 길에서 5센트짜리 동전을 줍는 건 다르단다, 주니 B." 그가 말했습니다. "우선 첫째로, 5센트의 주인이 정말로 누구인지 알아내는 건 거의 불가능할 거야. 그리고 또 다른 이유로, 5센트

를 잃어버리는 건 정말로 큰일은 아니야. 하지만 누군가가 개인적인 무언가를 잃어버린다면—예를 들면, 장갑처럼 말이지—음, 그건 아주 큰일이야. 그리고 그래서 만약 다른 누군가가 그 장갑을 주우면, 그 사람들은 그걸 분실물 보관함으로 가져올 수 있고, 그러면 그 주인은 그걸 되찾을 수 있는 거야."

그가 미소 지었습니다.

"그리고 그건 모두를 행복하게 만든단다, 주니 B." 그가 말했습니다. "주인은 자신의 장갑을 되찾았기 때문에 행복하지. 그리고 그 장갑을 주운 사람은 자기가 착한 일을 했기 때문에 행복한 거야."

그는 박스 위에 테이프로 붙여진 종이 한 장을 가리켰습니다.

"이거 보이니? 이건 3학년 학생이 분실물 보관함에 관해 쓴 시란다. 이렇게 쓰여 있지:

"여러분이 무언가를 줍는다면,
그걸 이 안에 넣으세요.
온종일,
여러분은 활짝 웃을 거예요."

나는 얼굴을 찡그렸습니다.

"알겠어요, 그런데 문제는 이거예요. 나는 내 장갑을 잃어버리지 않았어요. 장갑은 계획적으로 도둑맞은 거예요.

그리고 그래서 아무도 그 장갑을 이 안에 넣고 활짝 웃지 않을 거예요, 아마도요."

교장 선생님은 자신의 눈썹을 치켜올렸습니다. "음, 그건 모르는 거야, 주니 B. 이 안을 한번 들여다보는 게 어떻겠니?"

그는 내게 상자를 열어 주었습니다.

바로 그때 내 두 눈이 휘둥그레졌습니다.

왜냐면 그 상자는 내가 지금까지 본 것 중 가장 멋진 물건들로 가득 차 있었거든요!

거기에는 스웨터가 있었습니다! 그리고 스웨트 셔츠도요! 그리고 야구 모자도요! 그리고 야구 장갑도요! 그리고 공도 있었죠! 그리고 도시락통도요! 그리고 스카프도요! 그리고 선글라스도요! 그리고 위에 미키 마우스(Mickey Mouse)가 그려진 손목시계도 있었어요!

또, 곰 인형처럼 보이는 책가방이 하나 있었습니다!

"오오오오! 나는 항상 이런 게 하나쯤 갖고 싶었어요!" 나는 아주 신이 나서 소리 질렀습니다.

나는 그 책가방을 내 등에 메고 교장실을 깡충깡충 뛰어다녔습니다.

"거기 뒤에서 보면 어때 보여요?" 내가 물었습니다.

교장 선생님이 나를 쫓아왔습니다.

그는 내 등에서 곰 인형을 벗겨 냈습니다. 그리고 그것을 다시 상자 안에 넣었습니다.

"우리는 네 장갑을 찾고 있는 거야, 기억하지?"

바로 그때, 나는 다시 속상해졌습니다. 왜냐면 나는 그 복슬복슬한 녀석에 관해 거의 잊고 있었거든요, 그래서 그렇습니다.

"오, 맞아요. . . 내 장갑이요." 나는 아주 침울하게 말했습니다.

나는 그 상자를 조금 더 살펴보았습니다.

"장갑은 여기에 없어요." 내가 말했습니다. "제 생각에, 제 장갑은 영영 사라져 버린 것 같아요."

나는 슬픈 한숨을 쉬었습니다.

그리고 나서 나는 곰 인형 책가방을 다시 한번 집어 들었습니다.

"어쩌면 제가 이걸 대신 가져갈 수도 있고요." 내가 말했습니다. "왜냐면 이 곰 인형 책가방이 내 고통을 덜어 줄 테니까요, 난 그렇게 생각해요."

교장 선생님은 안 된다고 말했습니다.

"왜요?" 내가 물었습니다. "왜냐면 주인이 이 책가방을 더는 원하지도 않잖아요, 틀림없이. 그 애 엄마는 이미 걔한테 새로운 곰 인형 책가방을 사 주었을 거예요, 아마도요. 그리고 그래서 이건 그냥 버려지는 거죠."

교장 선생님은 나를 일으켜 세우고 나를 문 쪽으로 향하게 했습니다.

그것은 내가 나가야 한다는 뜻이었어요, 내 생각에는요.

"내일 다시 와서 네 장갑을 다시 찾아보렴." 그가 말했습니다.

나는 정말 빠르게 말했습니다.

"알겠어요, 하지만 저는 방금 무언가를 기억해 냈어요. 저는 저것과 꼭 똑같은 곰 인형 책가방을 가지고 있었어요, 어쩌면요. 그런데 그때 내가 그 책가방을 잃어버렸던 거죠, 아마도요. 그리고 그래서 나는 저걸 집으로 가져가는 게 좋겠어요. 그렇지 않으면 우리 엄마가 화날지도 모르니까요."

교장 선생님은 나를 문까지 배웅했습니다. 그는 내가 복도를 향해 서게 했습니다.

"잘 가렴, 주니 B." 그가 말했습니다.

나는 몹시 실망해서 내 고개를 숙였습니다.

왜 그런지 아세요?

잘 가라는 말은 곰 인형 책가방은 안 돼라는 뜻이니까요.

5장 가글하기와 낙서하기

9반은 교장실에서 아주 멀리 있습니다.

나는 식수대에서 멈춰야 했습니다. 그렇지 않으면 내가 교실까지 못 갈 수도 있거든요.

나는 내 엄지손가락으로 물이 나오는 버튼을 눌렀습니다.

그런 다음 나는 내 입술을 오므렸습니다. 그리고 나는 물을 빨아들였습니다.

나는 수도꼭지에 내 입을 대지도 않았습니다. 왜냐면 물론 거기엔 더러운 입술 자국이 묻어 있으니까요.

나는 내 볼 안 여기저기로 물을 왔다 갔다 했습니다.

그러고 나서 나는 내 고개를 완전히 뒤로 젖혔습니다. 그리고 나는 가글을 좀 했습니다.

나는 정말 완벽하게 가글할 수 있습니다. 그런데 나는 내 입안에 실제로 물을 머금고 있는 것은 못해요.

물이 옆으로 빠져나와 바닥으로 줄줄 흘렀습니다.

나는 내 발끝으로 그것을 튀겼습니다.

바로 그때 내가 그 아래에서 아주 멋진 무언가를 발견했던 것입니다.

"이야! 이거 네 가지 다른 색으로 쓰는 펜 그거잖아!" 내가 말했습니다.

나는 빠르게 그것을 집어 들고 끝에 달린 자그마한 빨간색 버튼을 눌렀습니다.

빨간색 펜이 아래에서 튀어나왔습

니다.

나는 내 손에 온통 빨간 낙서를 마구 했습니다.

"우와우 와우 와우! 나 이거 *너무 좋아!*"내가 말했습니다.

그 후, 나는 초록색 버튼을 누르고 초록 낙서를 마구 했습니다. 그리고 나는 파란색 버튼을 누르고 파란 낙서를 마구 했습니다. 그리고 또 나는 검은색 버튼을 누르고 검은 낙서를 마구 했습니다.

"이 펜이 낙서를 즐거운 일로 만드네."내가 말했습니다.

나는 그 펜을 내 주머니에 넣고 9반으로 깡충깡충 뛰어가기 시작했습니다.

그렇지만 나에게는 굉장히 안타까운 일이 일어났습니다. 왜냐면 갑자기, 나는 분실물 보관함이 기억났거든요.

나는 멈춰 섰습니다.

"이런. 내가 그것에 대해 기억해 내지 않았다면 좋았을 텐데."내가 말했습니다. "이제 나는 내 펜을 분실물 보관함에 가져가야 해. 그렇지 않으면 나는 활짝 웃지 못할 거야."

나는 얼굴을 찌푸렸습니다. 왜냐면 지금 무언가가 말이 안 됐거든요, 그래서 그렇죠.

"좋아, 그런데 나는 이미 활짝 미소를 짓고 있는걸." 내가 말했습니다. "나는 이 멋진 걸 *보자마자* 활짝 미소 지었어. 그리고 그래서 이걸 교장실로 가져가는 건 나를 슬프게만 할 거야."

나는 내 턱을 톡톡 쳤습니다.

"흠. 어쩌면 교장 선생님도 이 문제에 관해서는 살짝 헷갈릴지도 몰라." 나는 혼잣말을 했습니다. "나는 내가 이걸 가지면 더 행복할 거라고 아주 확신해."

"그리고 여기 내가 생각하고 있는 게 또 하나 있어. 나는 이 펜의 주인이 누구든 이걸 소중히 여기지 못했다고 생각하는 중이야. 그래서 나는 이 펜에게 좋은 집을 줄 거야. 그리고 그러니까 그것보다 더 착한 행동이 뭐가 있겠어?"

나는 그 펜을 내 주머니에서 꺼내서 그것을 바라보았습니다.

"그리고 이건 말이 돼. 왜냐면 먼저 내가 내 장갑을 도둑맞았잖아. 그리고 그런 다음 나는 그 곰 인형 책가방도 가질 수 없었어. 그리고 그러니까 이 펜을 갖는 건 정정당당한 거야."

갑자기, 내 얼굴 전체가 환해졌습니다. 왜냐면 나는 방금 다른 시 하나가 생각났기 때문입니다, 그래서 그렇죠!

그리고 그것은 바로 주운 사람이 임자, 잃어버린 사람은 울보라는 거예요!

"주운 사람이 임자, 잃어버린 사람은 울보!" 나는 정말 신이 나서 말했습니다. "주운 사람이 임자, 잃어버린 사람은 울보!"

그러고 나서 나는 아주 행복하게 위아래로 폴짝폴짝 뛰었습니다. 왜냐하면 모두가 그렇게 말하거든요! 그리고 그러니까 주운 사람이 임자는 진짜 규칙인 거죠, 틀림없어요!

그 후, 나는 내 펜을 다시 나의 주머니에 넣었습니다.

그리고 나는 9반까지 가는 남은 길 내내 깡충깡충 뛰었습니다.

6장 우리 할아버지의 지갑

나는 남은 하루 내내 주머니 속에 내 펜을 넣고 다녔습니다.

나는 사람들이 그것을 보지 않기를 원했습니다. 안 그랬다간 그들이 선생님에게 이를지도 모르니까요. 그러면 그녀는 내가 그 펜을 분실물 보관함으로 가져가게 할 것입니다.

나는 굉장히 예의 바르게 행동했습니다. 왜냐하면 나는 간심('tention)을 끌고('tract) 싶지 않았거든요, 그래서 그렇죠.

나는 나의 펜이 빠져나오지 않도록 내 손을 주머니 안에 넣고 있었습니다.

또, 나는 계속해서 내 장갑에 관해 생각했습니다. 왜냐하면 나는 여전히 그 복슬복슬한 녀석들이 그리웠거든요.

나는 내 책상 위에 나의 머리를 대고 엎드렸습니다.

"어쩌면 우리 밀러 할아버지가 내게 복슬복슬한 장갑을 더 사 줄지도 몰라." 내가 속삭였습니다. "왜냐하면 그게 완벽한 해결책이 될 것 같거든, 내 생각에는 말이야."

나는 내 고개를 들어 올렸습니다.

"그래, 맞아! 그러면 나는 멋진 새 장갑을 갖게 되는 거야, *그리고 멋진 새 펜도 말이야. 그리고 그러면 한 여자아이가 바랄 수 있는 게 뭐가 더 있겠어? 그게 바로 내가 알고 싶은 거야!*"

나는 내 의자에 똑바로 앉아 루실을 톡톡 쳤습니다.

"이거 아니, 루실? 어쩌면 우리 프랭크 밀러 할아버지가 내게 새 장갑을 사 줄지 몰라. 그리고 그러면 내 골칫거리들이 모두 해결될 거야."

루실은 내게 *대-사-건*이라고 했습니다.

"나도 그게 *대-사-건*이란 걸 알아." 나는 아주 신이 난 채로 말했습니다. "그리고 그래서, 응원해 줘서 고마워."

학교가 끝난 뒤, 나와 그레이스라는 이름의 나의 가장 친한 친구는 함께 버스를 탔습니다.

나는 길모퉁이에서부터 집까지 잽싼 총알처럼 달려갔습니다.

나의 프랭크 밀러 할아버지는 올리

(Ollie)라는 이름의 내 남동생을 돌보고 있었습니다.

"프랭크 밀러 할아버지! 프랭크 밀러 할아버지! 우리는 장갑 가게에 가야 해요! 우리는 장갑 가게에 가야 한다고요!" 나는 정말 큰 소리로 외쳤습니다.

프랭크 밀러 할아버지는 거실에서 올리를 흔들어 주고 있었습니다.

그는 나를 향해 이상한 표정을 지었습니다.

"어딜 가자고?" 그가 물었습니다.

"장갑 가게로요! 장갑 가게요! 우리는 장갑 가게에 가야 해요!"

나는 그의 손을 잡아당겼습니다.

"일어나요! 일어나! 서둘러요!"

밀러 할아버지는 나를 향해 잘 모르겠다는 표정을 지었습니다.

그래서 내가 앉아야 했던 것입니다. 그리고 나는 그에게 학교에서 무슨 일이 있었는지 말해 주었습니다.

"어떤 사람들이 내 장갑을 훔쳐 갔어요." 내가 말했습니다. "그 사람들은 내가 밤톨이가 되어 있었을 때 그걸 훔쳐 갔어요. 그리고 나는 그곳에 도둑들이 있는지조차 몰랐어요."

프랭크 밀러 할아버지는 아주 슬프게 그의 고개를 저었습니다.

"내가 생각하기에 너는 거의 어디에서나 도둑들을 발견할 수 있단다, 얘야." 그가 말했습니다.

"나도 그걸 알아요." 내가 그에게 말했습니다. "그래서 내가 그 복슬복슬한 녀석들을 결코 다시는 볼 수 없는 거죠. 그리고 그러니까 할아버지하고 나는 장갑 가게에 가야 해요."

나는 그의 뒷주머니를 더듬었습니다. 그리고 나서 나는 정말 신이 나서 빙글빙글 춤을 췄습니다.

"만세!" 나는 외쳤습니다. "할아버지의 크고 뚱뚱한 지갑 만세! 왜냐면 할아버지는 그 안에 현금을 가지고 있잖아요. 맞죠, 할아버지? 네? 그렇죠?"

프랭크 밀러 할아버지는 웃었습니다.

"그래, 맞아. 나는 분명 현금을 가지고 있지." 그가 말했습니다. "하지만 미안하게도 우리가 너에게 장갑을 더 사 줄 수는 없을 거란다. 내가 네게 사 주었던 장갑이 가게에 남아 있던 유일한 털장갑이었어. 내가 맨 마지막 한 쌍을 샀던 거지."

바로 그때, 모든 행복이 내게서 완전히 사라졌습니다. 왜냐면 나는 정말이지 이렇게 끔찍한 전개를 기대하지는 않았으니까요.

"알겠어요, 그런데 우리는 *반드시* 사야 해요, 할아버지. 우리는 *반드시* 복슬복슬한 장갑을 더 사야 해요. 안 그러면 내가 대체 뭘 할 수 있겠어요?"

밀러 할아버지는 내 머리를 헝클었

습니다.

"너 학교에 있는 분실물 보관함은 들여다봤니?" 그가 물었습니다.

나는 슬픈 한숨을 쉬었습니다. "네, 하지만 그 바보 같은 건 그렇게 잘 돌아가지 않아요. 왜냐면 사람들이 항상 물건을 돌려주지는 않거든요."

나는 내 주머니에 든 나의 새 펜을 톡톡 두드렸습니다.

"그 문제에 관해서는 나를 믿어 봐요." 나는 아주 부드럽게 말했습니다.

"음, 네 장갑은 여전히 뜻밖에 나타날 수도 있어." 그가 말했습니다. "사람들은 가끔씩 너를 놀라게 할 테니까."

그러고 나서 그는 나에게 그의 지갑에 관한 이야기를 해 주었습니다.

"몇 년 전에 나는 쇼핑몰에서 내 지갑을 잃어버렸단다. 나는 내가 그 지갑을 결코 다시는 볼 수 없을 거라고 확신했어." 그가 말했습니다.

나는 내 고개를 위아래로 끄덕였습니다. "나도 그건 알죠. 그건 주운 사람이 임자, 잃어버린 사람은 울보이기 때문이잖아요." 내가 말했습니다. "주운 사람이 임자, 잃어버린 사람은 울보가 규칙이죠. 그렇죠, 할아버지?"

밀러 할아버지는 미소 지었습니다.

"글쎄, 그건 어떤 사람들에게는 규칙인지도 모르지." 그가 말했습니다. "하지만 운 좋게도, 그게 모두에게 규칙

인 것은 아니야. 왜냐하면 바로 그다음 날—내가 내 우편물을 가지러 나갔을 때—그 지갑이 거기 있었거든! 내 지갑이 내 우편함의 한가운데에 자리 잡고 있었어! 게다가 단 한 푼도 없어지지 않은 채로 말이야!"

그의 눈은 행복하고 생기가 가득해 보였습니다.

"너는 그걸 상상할 수 있겠니, 꼬마 아가씨?" 그가 물었습니다. "누군가에게 내 지갑에 든 모든 걸 가져갈 기회가 있었던 거야. 하지만 그 대신에, 그 사람들은 내 집까지 내내 차를 몰고 왔지. 그리고 그들은 내 우편함에 그 지갑을 넣었어."

바로 그때, 그는 그의 뒷주머니에 손을 뻗어 자신의 지갑을 꺼냈습니다.

"그들이 지갑을 돌려주지 않았더라면 내가 무엇을 잃어버렸을지 좀 보렴." 그가 말했습니다.

그는 그의 지갑에서 사진 한 장을 꺼냈습니다. 그리고 그것을 나에게 건넸습니다.

"할아버지하고 어떤 아기네요." 내가 말했습니다.

"하지만 그건 그냥 아무 아기가 아니란다." 그가 말했습니다. "그건 너야, 주니 B.! 그건 할아버지가 너를 맨 처음으로 안았을 때의 사진이란다."

그는 사진을 다시 가져가서 그것을

바라보고 또 바라보았습니다.

"모르는 사람이 지금껏 내게 했던 일 중에서 가장 멋진 일이지... 이 사진을 다시 가져다준 것 말이야." 그가 정말 부드럽게 소곤거렸습니다.

그러고 나서 그는 다시 한번 몸을 숙였습니다.

그리고 그는 내 머리에 뽀뽀했습니다.

7장 분홍색 털북숭이 여자아이

나는 나의 할아버지와 이야기를 나눈 후, 내 방으로 갔습니다.

나는 내 방문을 아주 비밀스럽게 닫았습니다.

그러고 나서 나는 내 주머니에서 나의 멋진 펜을 꺼냈습니다. 그리고 나는 크게 한숨을 쉬었습니다.

왜냐면 나는 마음속으로 혼란스러웠기 때문입니다, 그래서 그렇죠.

"내가 그 지갑 이야기를 듣지 않았으면 좋았을 텐데." 내가 말했습니다. "왜냐면 주운 사람이 임자, 잃어버린 사람은 울보는 규칙이 아니잖아, 보니까 말이야. 그리고 그래서 이제 어쩌면 내가 도둑인 걸지도 몰라."

나는 나의 멋진 펜을 바라보았습니다.

"좋아, 그런데 나는 심지어 도둑 같

다는 기분이 들지 않아. 나는 행운아처럼 느껴지는걸. 하지만 나는 여전히 이걸 분실물 보관함에 가져가야 할 거야, 아마도 말이지. 그리고 그러면 이 펜은 꼭 그 곰 인형 책가방처럼 버려지고 말겠지."

갑자기, 나는 엄마와 아빠가 퇴근하고 집에 돌아온 소리를 들었습니다.

나는 빠르게 내 펜을 나의 매트리스 아래에 숨겼습니다. 왜냐면 그 둘은 이 상황을 이해하지 못할 테니까요.

그들은 내 방으로 들어와 내게 뽀뽀로 인사해 주었습니다.

나는 그들에게 내 장갑에 무슨 일이 일어났는지 이야기했습니다.

그러고 나서 나는 그들에게 나를 가게에 데려가 달라고 조르고 또 졸랐습니다. 하지만 엄마는 더 이상 남은 게 없단다라고 말했습니다. 그리고 아빠도 마찬가지로, 더 이상 남은 게 없어라고 말했습니다. 그리고 그래서 확실히, 더 이상 남은 게 없어 보였어요.

그래서 내가 또다시 우울해진 것입니다. 그리고 나는 그날 밤 잠을 잘 잘 수도 없었어요.

나는 계속해서 누가 장갑 도둑인지 궁금했습니다. 그리고 그 사람이 어떻게 생겼는지도요. 왜냐면 나는 전에 TV에서 도둑들을 본 적이 있거든요. 그리고 그 사람들은 몸에 문신이 있는

덩치가 크고 험상궂게 생긴 사람들입니다.

바로 그때, 나는 내 침대에 똑바로 앉았습니다.

왜냐면 좋은 생각이 내 머릿속에 떠올랐으니까요, 그래서 그렇죠!

"그래, 문신은 발견하기 쉽잖아, 틀림없지!" 내가 말했습니다. "그리고 그러니까 어쩌면 나는 내일 운동장에서 그 도둑을 찾을 수 있을지도 몰라!"

그 후, 나는 바로 곧장 잠이 들었습니다. 왜냐면 나는 도둑 찾기를 위해서 내 힘이 필요할 테니까요.

다음 날 쉬는 시간에, 나는 루실과 그 그레이스와 말처럼 뛰놀지 않았습니다.

대신, 나는 장갑 도둑을 찾아 운동장을 이리저리 뛰어다녔습니다.

그렇지만 나에게는 굉장히 안타까운 일이 일어났습니다. 왜냐면 아이들 대부분이 자기 재킷을 입고 있었기 때문입니다. 그리고 그래서 나는 문신을 한 어떤 도둑들도 볼 수가 없었습니다.

얼마 지나지 않아, 종이 울렸습니다.

바로 그때 내 눈에 눈물이 맺혔습니다. 왜냐면 나는 내 장갑을 결코 다시는 볼 수 없을 테니까요. 결코, 한 번도, 절대로요.

나는 9반으로 걸어가기 시작했습니다.

나의 코는 훌쩍거리고 콧물을 흘리고 있었습니다.

나는 그것을 나의 멋진 재킷 소매에 닦았습니다.

그때—갑자기—분홍색 털북숭이 여자아이가 나를 지나쳐 깡충깡충 뛰어갔습니다.

그녀는 나풀나풀한 분홍색 원피스를 입고 있었습니다. 분홍색 털 양말과 신발도 신고 있었죠. 그리고 분홍색 복슬복슬한 털로 만들어진 분홍색 털 재킷도요.

그리고 또 맞혀 볼래요?

그녀는 복슬복슬한 분홍색 주머니 안에 복슬복슬한 검은색 장갑을 가지고 있었어요!

내 눈이 휘둥그레졌습니다!

"야! 내 장갑이잖아! 내 장갑이야! 내 장갑이라고!" 나는 아주 큰 소리로 외쳤습니다.

그런 다음 나는 내 고개를 숙였습니다. 그리고 나는 날쌘 황소처럼 그녀에게 쌩 하고 달려갔습니다.

선생님은 내가 달려가는 것을 보았습니다. 그녀는 내 멋진 겨울 재킷을 붙잡았습니다.

나는 위아래로 폴짝폴짝 뛰면서 가리켰습니다.

"저 분홍색 털북숭이 여자애가 제 장갑을 훔쳤어요! 쟤가 그 도둑이에요! 그런데 저 애의 재킷이 저 애의 문신을 가리고 있어요! 그리고 그래서 바로 그게 저를 쩔쩔매게 했던 거예요!"

선생님은 그 분홍색 털북숭이 여자아이를 불렀습니다.

그녀는 우리가 있는 곳으로 깡충깡충 뛰어왔습니다.

나는 계속해서 폴짝폴짝 뛰었습니다.

"네가 그걸 훔쳤어! 네가 내 장갑을 훔쳐 갔다고!" 내가 말했습니다.

"아니, 나는 안 훔쳤어." 그녀가 대답했습니다. "나는 아무것도 훔치지 않았어. 나는 이 장갑을 주운 거야. 그것은 바로 잔디밭 위에 있었어. 그리고 그래서 나는 아무도 그 장갑을 원하지 않는다고 생각했어."

"난 원했어!" 내가 소리 질렀습니다. "나는 그걸 원했다고! 우리 밀러 할아버지가 아무런 이유 없이 그 장갑을 사 줬단 말이야. 그리고 나는 온종일 그 장갑에 대해 걱정했어. 그리고 밤새도록 말이야. 그리고 그건 마음고생이라고 해, 이 아가씨야!"

선생님은 내 목소리를 낮추라고 말했습니다.

그녀는 그 분홍색 털북숭이 여자아이에게서 내 장갑을 빼앗았습니다. 그리고 그것을 내게 돌려주었습니다.

그런 다음 그녀는 몸을 숙였습니다. 그리고 그녀는 그 분홍색 털북숭이 여자아이에게 매우 심각하게 이야기했습니다.

"아무도 이 장갑을 원하지 않는다고 생각했어도, 네가 그걸 가져가는 건 잘못한 거야." 그녀가 그 애에게 말했습니다.

그 분홍색 털북숭이 여자아이가 나를 가리켰습니다.

"그렇지만 쟤는 그 장갑을 소중히 하지도 않았는걸요." 그녀가 말했습니다.

나는 내 발을 쿵쿵 굴렀습니다.

"아니, 나는 소중히 했어! 나도 그 장갑을 소중히 했다고! 나는 그것을 내 멋진 겨울 재킷과 함께 뒀어. 왜냐면 나는 여기에 도둑이 있었는지 전혀 몰랐으니까!"

선생님은 내게 다시 한번 조용히 하라고 말했습니다.

"너는 그 장갑을 분실물 보관함으로 가져갔어야 했어." 그녀는 그 분홍색 털북숭이 여자아이에게 말했습니다.

"맞아! 왜냐면 그럼 내가 거기를 살펴봤을 때 그 장갑을 찾을 수 있었을 테니까!" 내가 말했습니다. "그리고 그러면 너는 그 상자가 왜 거기에 있다고 생각하는 거야? 내 건강 때문이겠어?"

그 분홍색 털북숭이 여자아이가 울기 시작했습니다.

"그런데 난 정말로, 정말로 이 장갑이 좋아." 그 여자아이가 말했습니다.

선생님은 그 애의 머리를 쓰다듬었습니다.

"안타깝지만 선생님은 그게 문제가 아니라고 생각한단다." 그녀가 말했습니다.

"그래, 안타깝지만 그게 문제가 아니야." 내가 말했습니다. "왜냐면 주운 사람이 임자는 규칙이 아니거든, 보니까 말이야. 그리고 그래서 이제부터, 만약 네가 내 물건을 주우면, 너는 그걸 분실물 보관함으로 가지고 가야 해. 그리고 또 너는 그것을 우리 할아버지의 우편함에 넣어 둘 수도 있어."

선생님은 나를 아주 오랫동안 바라보았습니다.

그녀는 내가 그녀의 신경을 건드리고 있다고 말했습니다.

그 후, 그녀는 그 분홍색 털북숭이 여자아이의 손을 잡았습니다. 그리고 그들은 그녀의 선생님과 이야기를 하러 갔습니다.

나는 재빨리 내 장갑을 꼈습니다.

그런 다음 나는 검은색 복슬복슬한 털에 내 얼굴을 묻었습니다.

그리고 나는 정말 기뻐하며 빙글빙글 춤을 췄습니다.

8장 나는 도둑이 아니야

다음 날, 나는 교장실로 갔습니다.

화난 얼굴로 타자를 치는 선생님이 책상 너머로 나를 쳐다보았습니다.

나는 두 발로 서서 몸을 앞뒤로 흔들었습니다.

"좋아요, 그런데 다시 한번 말하지만, 저는 전혀 나쁜 아이가 아니에요." 내가 말했습니다. "저는 분실물 보관함에 가야 할 뿐이에요, 그리고 그게 다예요."

화난 얼굴의 타자 치는 선생님은 벽장을 열었습니다. 그녀는 큰 상자를 꺼냈습니다.

바로 그때, 전화벨이 울렸습니다. 그리고 그녀는 서둘러 전화를 받았습니다.

나는 재빨리 몸을 숙여 분실물 보관함 안에 내 손을 찔러 넣었습니다.

그러자 내 마음은 아주 신이 났습니다. 왜냐하면 나는 그 멋진 곰 인형 책가방을 또 봤거든요, 그래서 그렇죠!

나는 내 얼굴을 그의 배에 파묻었습니다.

"음... 난 여전히 이 부드러운 녀석이 좋아." 내가 속삭였습니다.

나는 그 녀석을 내 등에 메고 이리저리 깡충깡충 뛰어다녔습니다.

화난 얼굴의 타자 치는 선생님이 전

화를 끊었습니다.

"그것도, 네가 잃어버렸던 거니?" 그녀가 내게 물었습니다. "그래서 네가 여기에 온 거니?"

나는 계속해서 거기에 서 있었고 또 거기에 서 있었습니다.

"으_으_으응?" 그녀가 말했습니다.

마침내, 나는 크게 한숨을 쉬었습니다.

그러고 나서 나는 아주 천천히 그 상자로 걸어 돌아갔습니다. 그리고 나는 그 곰 인형 책가방을 벗었습니다.

"아니요." 내가 말했습니다. "이것 때문이 아니에요."

그 후, 나는 내 주머니로 손을 뻗었습니다. 그리고 나는 내 멋진 펜을 꺼냈습니다.

"저는 이걸 주웠어요." 내가 말했습니다. "이게 식수대 근처 바닥에 있었어요. 그리고 나는 정말, 정말로 이게 좋아요. 그게 문제가 아니긴 하지만요."

그런 다음 나는 크고, 깊은 숨을 내쉬었습니다. 그리고 나는 내 멋진 펜을 분실물 보관함 안으로 떨어뜨렸습니다.

"나는 도둑이 아니에요." 나는 살짝 조용하게 말했습니다.

화난 얼굴의 타자 치는 선생님은 나를 조금 더 상냥한 표정으로 바라보았습니다. 그녀는 내 머리를 헝클었습니다.

"아니지." 그녀가 말했습니다. "물론 너는 도둑이 아니야."

그 후, 나는 두 발로 선 채 몸을 조금 더 앞뒤로 흔들었습니다. 그리고 나는 기다리고 기다리고 또 기다렸습니다.

타자 치는 선생님은 나를 보고 그녀의 두 눈썹을 치켜 올렸습니다.

"나는 활짝 웃기를 기다리고 있어요." 내가 설명했습니다. "그런데 조금 늦어지나 보네요."

그녀는 곧바로 큰 소리로 웃었습니다. 바로 그때 나는 그것을 느꼈습니다.

활짝 웃는 것 말이에요.

그것은 바로 내 얼굴 위에 나타났습니다!

"저기요! 이게 되네요! 이게 잘 되고 있어요!" 내가 아주 꺅 소리를 지르며 말했습니다.

나는 몹시 행복하게 교장실 이곳저곳을 깡충깡충 뛰어다녔습니다.

그러자 타자 치는 선생님이 문을 열어 주었습니다. 그리고 나는 9반까지 가는 길 내내 깡충깡충 뛰어갔습니다.

그리고 그거 아세요?

나는 네 가지 다른 색으로 쓰는 펜을 줍지도 않았어요!

그리고 그것은 아주 다행이었습니다!

Chapter 1

1. A That adventure actually happened to me! My grampa Miller really did buy me mittens for no good reason!

2. C I wore my new mittens the whole entire morning. Plus also I wore them to afternoon kindergarten. I wore them with my attractive winter jacket. Only it wasn't actually cold out. Only who even cares? 'Cause that outfit looked very beautiful together.

3. D "HOW MANY CHILDREN SEE THESE LOVELY THINGS? RAISE YOUR HANDS," I hollered. Nobody raised their hands. "HOW MANY CHILDREN THINK THESE MITTENS ARE GORGEOUS? PLEASE COME FORWARD!" I yelled. Nobody came forward.

4. B "My family has lots of fur," she said. "My mother has a fur cape. And my aunt has a fur jacket. And my uncle has a fur hat. Plus my nanna just bought a brand-new mink coat. Only she can't wear it outside the house. Or else people will throw paint on her." My mouth came all the way open. "Why, Lucille? Why will people throw paint on your nanna?" I asked. Lucille crossed her arms. "Don't you know anything, Junie B. Jones? It's because people who love furry animals don't like them being made into coats for nannas."

5. D Just then, I felt relief in me. 'Cause I'm not even a nanna, that's why. And besides, my mittens aren't even made out of real furry animals. They are made out of fake furry animals. And those kind don't even count.

Chapter 2

1. B "Oooh, they are soft, Junie B.," she said. "Be sure and put them in your jacket pockets so they won't get lost, okay?"

2. A "Yeah, only I'm not even going to lose them," I said to just myself. "I am going to wear them right on my hands. The whole livelong day. 'Cause I love these guys, that's why."

3. C I waved hello. "This is what fur hands look like when they're waving hello," I said. Lucille did a frown. "You're being annoying," she said.

4. B Just then, I got up from my chair. And I skipped to my boyfriend named Ricardo. I tickled him under the chin with my softy hands of fur. "This is what fur hands look like when they're tickling you under your chin," I said.

5. A Mrs. plopped me in my chair. Then she pulled off my fur hands. And she put them on her desk.

Chapter 3

1. D Just then, the bell rang for recess! "OH BOY!" I yelled. "OH BOY! OH BOY! 'CAUSE NOW I CAN HAVE MY MITTENS BACK! RIGHT, MRS.? RIGHT? RIGHT?" I zoomed to her desk and put them on my hands.

2. C Only just then, I looked at my mittens. I did a frown. 'Cause there was a little bit of a problem here, I think. "Yeah, only how can I even be Brownie? 'Cause my horse paws are black. And so I am two different colors, apparently."

3. B Just then, that Grace clapped her hands together very excited. "I know, Junie B.! Today you and Lucille can trade! Today Lucille can be Brownie! And you can be Blackie! And so that way your horse paws will be the right color!"

4. B "I'M BROWNIE!" I shouted. "ONLY GUESS WHAT? YESTERDAY MY GRAMPA BROWNIE BOUGHT ME BLACK FURRY MITTENS! AND SO THAT IS HOW COME I AM TWO DIFFERENT COLORS, APPARENTLY!" After that, all of us did high fives. And we started playing horses.

5. A "I am going to die from heat perspiration," I said. That's how come I trotted over to a tree. And I took off all my stuff. First I took off my attractive winter jacket. Then I took off my furry black mittens. And I piled them in a careful pile. After that, I galloped away to find my horse friends. And we played and played.

Chapter 4

1. B Mrs. smiled. "I'm not taking you to the principal's office to punish you, Junie B.," she said. "I'm taking you to find your mittens." I did a gasp. "Principal?" I asked very shocked. "Principal stoled my mittens?" Mrs.

laughed real loud. "No, Junie B. He didn't steal your mittens. The office is where the Lost and Found is located."

2. D "This is the Lost and Found, Junie B.," he explained. "Anytime that someone finds something that's been lost, they bring it here. And we put it in this box." "How come?" I asked. "How come they bring it here instead of taking it home? 'Cause one time I found a nickel in the street. And Daddy said I could put it in my bank. 'Cause finding isn't the same thing as stealing. Right, Principal? Finding is a lucky duck."

3. A "Well, finding a nickel in the street is different, Junie B.," he said. "For one thing, it would be almost impossible to discover who the owner of the nickel really was. And for another thing, losing a nickel isn't really a big deal. But when someone loses something personal—like mittens, for instance—well, that's a very big deal. And so if someone else finds the mittens, they can bring them to the Lost and Found, and the owner can get them back." He smiled. "And that makes everyone happy, Junie B.," he said. "The owner is happy because she has her mittens back. And the person who found them is happy because she's done a good deed."

4. B "Yeah, only here's the problem. I didn't lose my mittens. They got stoled on purpose. And so no one will bring them in and wear a grin, probably."

5. C Then I picked up the teddy backpack again. "Maybe I will take this instead," I said. "'Cause this teddy backpack will ease my pain, I believe."

Chapter 5

1. C I can gargle very perfect. Except I can't keep the water in my actual mouth. It runned out the sides and dribbled on the floor. I splashed in it with my toe. That's when I saw something very wonderful down there. "Hey! It's one of those pens that writes four different colors!" I said.

2. D I quick picked it up and pushed the little red button on the top. A red pen popped out the bottom. I scribbled red scribble all over my hand. "Wowie wow wow! I love this thing!" I said. After that, I pushed the green button and

scribbled green scribble. And I pushed the blue button and scribbled blue scribble. Plus also I pushed the black button and scribbled black scribble.

3. A "This pen makes scribbling a pleasure," I said. I put it in my pocket and started skipping to Room Nine. Only too bad for me. 'Cause all of a sudden, I remembered about the Lost and Found. I stopped. "Oh no. I wish I didn't even remember about that," I said. "Now I have to take my pen to the Lost and Found. Or else I won't wear a grin."

4. C I did a frown. 'Cause something didn't make sense here, that's why. "Yeah, only I was already wearing a grin," I said. "I weared a grin as soon as I saw this wonderful thing. And so taking it to the office will only make me sad."

5. B "And here's another thing I am thinking. I am thinking whoever owned this pen didn't even take good care of it. So I will give it a good home. And so what can be a gooder deed than that?"

Chapter 6

1. D "Maybe my grampa Miller might buy me some more furry mittens," I whispered. "'Cause that would be a perfect solution, I think." I raised up my head. "Hey, yeah! Then I would have wonderful new mittens, plus a wonderful new pen. And so what more can a girl ask for? That's what I'd like to know!"

2. A "Yes, I do. I've got cash all right," he said. "But I'm afraid we won't be able to buy you more mittens. The mittens I bought you were the only furry ones they had left. I bought the very last pair."

3. C "Well, your mittens could still turn up," he said. "Folks will surprise you sometimes."

4. B "Well, it might be the rule for some people," he said. "But luckily, it's not the rule for everyone. Because the very next day—when I went out to get my mail—there it was! My wallet was sitting right smack in the middle of my mailbox! And not one single penny was missing!"

5. B He took a picture out of his wallet. And handed it to me. "It's you and a baby," I said. "But that's not just any baby," he said. "That's you, Junie B.! That's

a picture of the very first time I ever held you." He took the picture back and stared and stared at it. "Nicest thing a stranger ever did for me . . . bringing this picture back," he whispered real soft.

Chapter 7

1. A I kept on wondering about who was the mitten crook. And what did he look like. 'Cause I've seen crooks on TV before. And they are biggish and meanish with tattoos on theirselves. Just then, I sat up in my bed. 'Cause a good idea popped into my head, that's why! "Hey, a tattoo is easy to spot, I bet!" I said. "And so maybe I can find that crook on the playground tomorrow!"

2. C Then—all of a sudden—a pink fluffy girl skipped past me. She had on a pink fluffy dress. With pink fluffy socks and shoes. And a pink fluffy jacket made of pink fluffy fur. And guess what else? SHE HAD BLACK FURRY MITTENS IN HER PINK FLUFFY POCKETS!

3. A "No, I didn't," she said back. "I didn't steal anything. I found these mittens. They were right in the grass. And so I thought nobody wanted them."

4. B "Even if you thought no one wanted these mittens, it was wrong of you to take them," she told her.

5. D "Yeah, we're afraid that's not the issue," I said. "'Cause Finders keepers isn't the rule, apparently. And so from now on, if you find my stuff, you have to take it to the Lost and Found. Plus also you can put it in my grampa's mailbox."

Chapter 8

1. B I quick bended down and digged my hands in the Lost and Found. Then my heart got very thrilled. 'Cause I saw that wonderful teddy backpack again, that's why!

2. D Then my heart got very thrilled. 'Cause I saw that wonderful teddy backpack again, that's why! I snuggled my face in his tummy. "Mmm . . . I still love this softy guy," I whispered. I put him on my back and skipped all around. The grouchy typing lady hanged up the phone. "Did you lose that, too?" she

asked me. "Is that why you're here?"

3. D "I found this," I said. "It was on the floor by the water fountain. And I really, really love it. Only that is not the issue."

4. A After that, I rocked back and forth on my feet some more. And I waited and waited and waited. The typing lady raised up her eyebrows at me. "I'm waiting for the grin," I explained. "Only there seems to be a delay."

5. A The typing lady raised up her eyebrows at me. "I'm waiting for the grin," I explained. "Only there seems to be a delay." She laughed right out loud. That's when I felt it. The grin. It came right on my face! "Hey! It's working! It's working!" I said real squealy. I skipped all around the office very happy. Then the typing lady opened up the door. And I skipped all the way to Room Nine.

Workbook text copyright © 2022 Longtail Books
Text copyright © 1997 by Barbara Park. All rights reserved.
이 책은 (주)한국저작권센터(KCC)를 통한 저작권자와의 독점계약으로 롱테일북스에서 출간되었습니다.
저작권법에 의해 한국 내에서 보호를 받는 저작물이므로 무단전재와 복제를 금합니다.

주니 B. 존스는 도둑이 아니야
(Junie B. Jones Is Not a Crook)

초판 발행   2022년 9월 1일

지은이   Barbara Park
편집   박새미 김지혜
콘텐츠제작및감수   롱테일북스 편집부
번역   기나현
저작권   김보경
마케팅   김보미 정경훈

기획   김승규
펴낸이   이수영
펴낸곳   롱테일북스
출판등록   제2015-000191호
주소   04033 서울특별시 마포구 양화로 113(서교동) 3층
전자메일   helper@longtailbooks.co.kr
(학원·학교에서 본 도서를 교재로 사용하길 원하시는 경우 전자메일로 문의주시면
자세한 안내를 받으실 수 있습니다.)

ISBN 979-11-91343-16-8 14740